Ralf Deckers, Gerd Heinemann

Trends erkennen – Zukunft gestalten

Vom Zukunftswissen zum Markterfolg

BusinessVillage
Update your Knowledge!

Ralf Deckers, Gerd Heinemann
Trends erkennen – Zukunft gestalten
Vom Zukunftswissen zum Markterfolg
BusinessVillage, Göttingen 2008
ISBN: 978-3-938358-78-8
© BusinessVillage GmbH, Göttingen

Bestellnummer
Druckausgabe Bestellnummer PB-756
ISBN 978-3-938358-78-8

Bezugs- und Verlagsanschrift
BusinessVillage GmbH
Reinhäuser Landstraße 22
37083 Göttingen
Telefon: +49 (0)5 51 20 99-1 00
Fax: +49 (0)5 51 20 99-1 05
E-Mail: info@businessvillage.de
Web: www.businessvillage.de

Layout und Satz
Sabine Kempke

Coverabbildung
www.fotolia.de, Urheber: Michael Brown

Copyrightvermerk
Das Werk einschließlich aller seiner Teile ist urheberrechtlich geschützt. Jede Verwertung außerhalb der engen Grenzen des Urheberrechtsgesetzes ist ohne Zustimmung des Verlages unzulässig und strafbar.
Das gilt insbesondere für Vervielfältigung, Übersetzung, Mikroverfilmung und die Einspeicherung und Verarbeitung in elektronischen Systemen.
Alle in diesem Buch enthaltenen Angaben, Ergebnisse usw. wurden von dem Autor nach bestem Wissen erstellt. Sie erfolgen ohne jegliche Verpflichtung oder Garantie des Verlages. Er übernimmt deshalb keinerlei Verantwortung und Haftung für etwa vorhandene Unrichtigkeiten.
Die Wiedergabe von Gebrauchsnamen, Handelsnamen, Warenbezeichnungen usw. in diesem Werk berechtigt auch ohne besondere Kennzeichnung nicht zu der Annahme, dass solche Namen im Sinne der Warenzeichen- und Markenschutz-Gesetzgebung als frei zu betrachten wären und daher von jedermann benutzt werden dürften.

Inhalt

Einleitung ... 7

1. Die Zukunftsfrage stellt sich ... 13
1.1 Das ganze Business ist ein Risiko ... 14
1.2 Sterben und Überleben in der Automobilindustrie ... 17
1.3 Verpasste und genutzte Chancen in der Unterhaltungselektronik ... 19
Im Gespräch mit Dr. Sauter ... 23
1.4 Die Zukunftsfrage stellt sich für jeden ... 26
Im Gespräch mit Ulrich Eggert ... 29
1.5 Die Zukunftsfrage stellt sich auch für Sie ... 33

2. Zukunftshaltung annehmen ... 35
2.1 Gelassen bleiben – Mental stark in die Zukunft ... 37
2.2 Immer beweglich bleiben – Schräge Ideen zur Denkgymnastik ... 42
2.3 Aus dem Bauch und mit Verstand – Im Doppelpack ideal ... 47
2.4 Welche Zukunftshaltung haben Sie? ... 51

3. Sich das notwendige Zukunftswissen aneignen ... 53
3.1 Basislektion Zukunft ... 55
 a. Was ist eigentlich ein Trend? ... 55
 b. Welche Typen von Trends gibt es? ... 56
 c. Lassen sich Trends überhaupt vorhersagen? ... 58
3.2 Zukunfts-Schnellkursus ... 60
3.3 Zukunfts-Schnellkursus I: Konsumenten-Trends ... 62
 a. Graue Aussichten: Ihre Kunden werden immer älter ... 62
 b. Female Power: Zunehmende (Konsumenten-)Macht der Frauen ... 70
 c. Healthstyle: Ausgeglichen, glücklich und gesund ins Leben ... 76
 d. Real Life: Der Wunsch nach Authentizität ... 83
 e. Auch wenn es keiner mehr hören kann: Geiz bleibt geil ... 95
3.4 Zukunfts-Schnellkursus II: Marketing-Trends ... 100
 a. Consumer Ethnography: Hautnah den Kunden beobachten ... 100
 b. Nackte Konversation – Marketing 2.0 ... 106

Im Gespräch mit Prof. Dr. Matthias Fank 111
   c. Effektives Marketing: Den Return on Marketing (RoM) im Blick 115
Im Gespräch mit Norbert Medelnik 120
3.5 Zukunfts-Schnellkursus III: Vertriebs-Trends 124
   a. Große Einheiten auf dem Vormarsch: Filialbetriebe setzen sich durch 124
Im Gespräch mit Jörg Glaser 128
   b. Future Discount: Discount-Wachstum nach Geiz-ist-geil 132
Im Gespräch mit einem Discount-Experten 136
   c. E-Commerce im Multi-Channel-Passspiel 139

4. Ein schlagkräftiger Prozess für die Zukunftsarbeit 143

4.1 Wider den vorherrschenden Trend-Fokus 145
Im Gespräch mit Dr. Müller 147
4.2 Anforderungen an die Zukunftsarbeit 150
   a. Effektiver Einsatz beschränkter Ressourcen 150
   b. Instrumente zum direkten Einstieg 151
   c. Zukunftsarbeit ist Unternehmertum 152
4.3 Future Foresight: Die eigene Zukunft vorausdenken 152
4.4 Chancensuche: Der Schatzinsel auf der Spur 158
   a. Was ist eine Chance? 158
   b. Welche Suchfelder für Chancen gibt es? 159
4.5 Ableitung von Chancen-Ideen 171
4.6 Bewerten von Chancen-Ideen 175
   a. Bewertung des Chancen-Potenzials 176
   b. Bewertung der Fähigkeit zur Realisierung des Chancen-Potenzials 177
   c. Gesamtbewertung: Die Chancen-Matrix 178
4.7 Der Rahmen muss stimmen 182
   a. Klippen auf dem Weg zur Zukunftschance 182
   b. Ein offenes unternehmerisches Klima schaffen 186
   c. Organisationsstrukturen 188
4.8 Sind Sie bereit für Ihre Zukunftschancen? 191

5. Zehn Schritte für Montag Morgen 195

6. Futuring in Aktion – Aus dem Protokoll des Future-Round Tables 199
   1. Risiken im Krankenhausgeschäft 200
   2. Relevante Trends für das Krankenhaus 202
   3. Zukunftshaltung 204
   4. Chancen 205

Danksagung 207

7. Literatur 209

Über die Autoren

Dr. Ralf Deckers ist Senior Research Consultant der ABH Marketingservice in Köln. Er verantwortet dort den Geschäftsbereich Market Intelligence. Nach Stationen als Marktforscher in einem Finanzdienstleistungskonzern und in der Unternehmensberatung sind die Schwerpunkte seiner heutigen Arbeit Projekte zur Markt- und Wettbewerbsanalyse, Trend- und Zukunftsstudien. Er arbeitet für namhafte Kunden aus dem Handel und der Automobilindustrie.

Gerd Heinemann ist Gründer und seit 1986 geschäftsführender Gesellschafter der ABH Marketingservice GmbH. Nach seinem Betriebswirtschaftsstudium war er für verschiedene Unternehmensberatungen und Marktforschungsinstitute tätig. Schwerpunkte seiner täglichen Arbeit sind strategieorientierte Marktforschungs- und Beratungsprojekte. Zu seinen Kunden zählen die Werbewirtschaft, Autoteile- und Automobilhersteller sowie führende deutsche Konsumgüterunternehmen.

Kontakt:
E-Mail: rdeckers@abh.de
E-Mail: gheinemann@abh.de

Einleitung

„Die Zukunft war früher auch besser", sagte Karl Valentin und trifft damit die aktuelle Gemütslage vieler Deutscher. In weiten Teilen der Bevölkerung herrscht der Eindruck vor, die Zeiten seien schnelllebiger und härter geworden. Fortlaufend ist mit Veränderungen zu rechnen, Veränderungen, die den Einzelnen betreffen, sein Privat- und Arbeitsleben, die Unternehmen Druck machen und ganze Branchen und Industriezweige durcheinander wirbeln.

Der Eindruck täuscht nicht, wie wir später anhand von Daten und Fakten zeigen werden. In den gewohnten ruhigen Bahnen sein Business betreiben war gestern. Heute und vor allem morgen heißt es, mit einem unsicheren und sich permanent wandelnden Umfeld klarzukommen, Chancen, die darin stecken, zu erkennen und konsequent zu nutzen.

Dabei soll die vorliegende Publikation helfen. Sie richtet sich an Verantwortliche von Unternehmen, die ihren Tanker durch stürmische See steuern, an Abteilungen und Teams, die ihren Geschäftsbereich voranbringen wollen, sowie an den Einzelnen, ob angestellt als Arbeitnehmer oder selbstständig als Freiberufler, der seine individuelle Chance in seiner persönlichen Zukunft sucht.

Ausgangspunkt der Publikation ist unsere langjährige Forschungs- und Beratungspraxis. Dabei begegnen uns seit einiger Zeit verstärkt Fragen, die mit einem Unterton von Dringlichkeit und Sorge an uns herangetragen werden.

Nämlich:
- Was kommt auf uns zu?
- Was sind die Wesentlichen Entwicklungen in meiner Branche und in meinem weiteren Umfeld?
- Welche Chancen stecken darin?
- Wo liegen Ansatzpunkte, um Risiken in Chancen umzuwandeln?
- Ist mein Unternehmen bzw. bin ich gut genug vorbereitet?

Mit diesen Fragen sind im wesentlichen zwei Aufgabenfelder angesprochen, die sich ergänzen und aufeinander aufbauen, zum einen die Vorausschau, also das Erkennen von Trends, Umfeldveränderungen und Wettbewerbsdynamiken, und zum anderen die Gestaltung, also das Ableiten, Bewerten und Nutzen von Chancen.

Die vorliegende Publikation befasst sich mit beiden Aufgabenfeldern. Unser Anspruch ist dabei, in diese Aufgabenfelder grundlegend einzuführen, das notwendige Handwerkszeug bereitzustellen, Anstöße zum Weiterdenken und vor allem zum Weiterarbeiten zu liefern.

Zum Einstieg empfehlen wir einen klaren Blick auf das Umfeld. Wir belegen mit Daten, Fakten und Fallbeispielen, dass die Zeichen heute und zukünftig auf Sturm stehen. Keiner wird davon verschont, auch Sie nicht. Die Zukunftsfrage stellt sich für jeden.

Nach dem ersten „Zukunftsschock" empfehlen wir ein paar Lockerungsübungen. „Die Situation ist da!", soll Konrad Adenauer gesagt haben, soll heißen, das Umfeld ist nun einmal unsicher, turbulent und riskant. Es gilt nur, richtig damit umzugehen. Und richtig heißt für uns, gelassen zu bleiben, denn mit Panik in den Augen kommt man nicht weit. Richtig heißt ferner, offen im Denken und bereit zu Neuem zu sein sowie schließlich auch mit Unschärfen und Intuitionen, dem berühmten Bauchgefühl, leben zu können. Wir haben Checklisten entwickelt, mit denen Sie Ihre Zukunftshaltung auf den Prüfstand stellen können. Prüfen Sie sich und machen Sie sich locker.

Nach der Entspannung kann es dann richtig losgehen. Ein Zukunfts-Schnellkursus führt in die wichtigsten Trends im Kundenverhalten, im Marketing und im Vertrieb ein. Unser Anspruch ist dabei nicht, völlig neue und bisher nicht entdeckte Trends auszurufen. Wenn Sie danach suchen, können Sie die Lektüre auch direkt einstellen. Die wachsende Konsumentenmacht der Frauen beispielsweise ist weder neu noch originell. Trotzdem beschreiben wir den Trend, weil er wichtig ist. Und wichtig heißt, längerfristig wirksam, also mit einer mindestens mittelfristigen Zeitperspektive, und tiefgreifend wirksam, also mit dem Potenzial, die Angebots- und Vertriebslandschaft auf breiter Front durcheinander zu wirbeln und neu zu ordnen. Nach diesen Kriterien haben wir Trends ausgewählt.

Die Frage, was auf Sie ganz speziell zukommt, wird damit natürlich nicht komplett beantwortet. Es wird aber ein Rahmen gespannt, der unternehmensindividuell ausgestaltet und weiterentwickelt werden kann und auch muss.

Aber wir gehen weiter. Trends und Trend-Bücher gibt es zuhauf. Was aber meist fehlt, ist der ganz konkrete Bezug zur Unternehmenspraxis. „Was sollen wir tun?", ist die häufig gestellte Anschlussfrage, die dann ebenso häufig ohne echte Antwort bleibt. Wir wollen darauf Antworten geben und haben eine Vielzahl von Praxisbeispielen angeführt. Interviews mit kompetenten Branchenvertretern vermitteln zusätzliches Praxiswissen.

Damit kommen wir zum nächsten Arbeitsschritt, der Chancensuche. Dazu stellen wir Ihnen acht Suchfelder für Chancen vor. Wir beginnen mit Suchfeldern innerhalb einer Branche, angefangen vom unerwarteten Auftritt eines bislang kaum bekannten Wettbewerbers bis hin zum plötzlichen Erdrutsch, der eine ganze Branche durcheinander bringt, und gehen dann über zu Suchfeldern aus dem weiteren Umfeld einer Branche. Wir werden aufzeigen, welche Signale eine Veränderung anzeigen. Weiterhin diskutieren wir, wie zuverlässig ein Suchfeld auf eine Chance hinweist.

In einem nächsten Schritt muss jede ausgemachte Chance bewertet werden. Lohnt es sich überhaupt, der Chance nachzugehen? Wir stellen Ihnen eine einfache Bewertungs-Methodik vor, mit der Sie auf die Suche nach Schatzinseln im Future Business gehen können. Schatzinseln sind gar nicht so selten und auch gar nicht so schwer zu finden, wie man vielleicht vermuten könnte. Viele liegen direkt vor der eigenen Nase und nicht im Indischen Ozean.

Man muss sie nur nutzen. Und damit sind wir beim dritten Schritt, der Chancenverwertung. Viel über Trends zu wissen, auch Chancen zu erkennen, aber dann nichts daraus zu machen ist ein verbreitetes Problem. Im Fußball führt mangelnde Chancenverwertung in die Abstiegszone und zum Wettbewerbs-Aus. Um das frühzeitige Aus zu vermeiden, sollen Sie an der Chance arbeiten. Zukunft ist eben harte Arbeit.

Wir hoffen, mit unserer Publikation zu einem gelungenen Start und einem erfolgreichen Überleben im Future Business beizutragen. Berichten Sie uns Ihre Erfahrungen. Auch wenn Sie Anregungen und Fragen, Kritik und auch Lob äußern wollen, sprechen Sie uns an. Wir freuen uns auf Ihr Feedback.

1.
Die Zukunftsfrage stellt sich
● ●

1.1 Das ganze Business ist ein Risiko

Das Leben im Business ist gefährlich. Ein Blick auf die Überlebensraten von Unternehmen treibt jedem Unternehmer, ob Neuling oder Alteingesessenen, den Angstschweiß auf die Stirn.

Werfen wir dazu einen Blick auf die Statistik. Dabei zeigt sich, dass gut jede zehnte Neugründung das erste Jahr nicht übersteht. Auch danach wird weiter kräftig ausgesiebt. Spätestens nach fünf Jahren ist gut die Hälfte der Neugründungen wieder vom Markt verschwunden. Nach zehn Jahren sind es fast zwei Drittel. (Unser Unternehmen, ABH, ist übrigens seit 22 Jahren im Geschäft. Und wir arbeiten jedes Jahr immer wieder aufs Neue an unserer Future Fitness.)

Auch Großunternehmen mit klangvollen Namen haben nicht die Lizenz zum ewigen Leben. Für die 500 größten amerikanischen Unternehmen, die Fortune 500, ist durchschnittlich nach 40 bis 50 Jahren Schluss mit Business.

Die Überlebensraten sind natürlich nach Branche und Region verschieden. Eine zentrale Lehre lässt sich jedoch bereits aus diesen Zahlen ziehen: Ein Unternehmen zu führen, mit einer Geschäftsidee auf dem Markt zu bestehen und dafür Kunden zu gewinnen, ist eine riskante Angelegenheit. Schon das einfache Überleben ist stets gefährdet.

Der plötzliche Tod trifft aber nicht nur die Neueinsteiger und die großen Tanker. Auch vermeintliche Spitzenunternehmen, viel gepriesen in der Wirtschaftspresse, zeigen nach einiger Zeit Schwächen.

Betrachten wir dazu die Liste der Unternehmen, die in diversen Studien als Musterbeispiele für Spitzenleistung herausgearbeitet wurden, und lassen wir auch hier wieder die Zahlen sprechen. Dabei zeigt sich eine eher negative Bilanz, wie die folgenden Beispiele zeigen:

Peters und Waterman haben in ihrer Studie „Auf der Suche nach Spitzenleistungen", der Mutter aller Wirtschaftsbestseller, 35 Spitzenunternehmen ausgemacht. Vergleicht man deren Gewinnperformance im Fünfjahres-Zeitraum vor der Studie (1975 bis 1979) mit der Gewinnperformance im Fünfjahres-Zeitraum nach der Studie (1980 bis 1984), dann zeigt sich bei fünf Unternehmen eine Verbesserung, bei immerhin 30 Unternehmen hingegen eine Verschlechterung. Die ehemaligen Top-Performer sind ins Mittelmaß abgesunken.

Eine ähnliche Tendenz zum Schwächeln zeigen die „visionären Unternehmen" aus der Studie *Immer erfolgreich*, die die Autoren Collins und Porras veröffentlicht haben. Der Buch-Erfolg des Autorenduos ist anhaltender als der Geschäfterfolg der visionären Unternehmen: Fünf Jahre nach Veröffentlichung der Studie hinkten neun von 17 Top-Performern dem Markt hinterher, nach zehn Jahren waren es zehn.

„Immer erfolgreich" zu sein, wie der Wirtschaftsbestseller titelt, ist demnach mehr Wunsch als unternehmerische Wirklichkeit. Die Fortsetzung der Erfolgsspur ist stets gefährdet.

Damit ist die Hiobsbotschaft aber noch nicht komplett überbracht. Denn die Indizien verdichten sich, dass es in Zukunft kaum besser werden wird, im Gegenteil: Die Gefahr, in seinem herkömmlichen Geschäft aufgeschreckt zu werden oder gar ganz vom Markt zu verschwinden, hat zugenommen. Werfen wir wieder einen Blick auf die Zahlen:

- In den Achtzigerjahren konnte noch jedes zweite Unternehmen unbehelligt seinem Kerngeschäft nachgehen, in den Neunzigerjahren waren es nur noch gut 40 Prozent und in einigen Jahren werden es weniger als 30 Prozent der Unternehmen sein, wie der Managementberater Chris Zook nachgerechnet hat.
- Auch die Verwundbarkeit an der Spitze hat zugenommen, also die Wahrscheinlichkeit, dass ein Unternehmen aus dem obersten Branchen-Fünftel in den nächsten Jahren vom Markt verschwindet. Nach Berechnungen der McKinsey-Berater Huyett und Vigurie wird sich die Wahrscheinlichkeit in zwanzig Jahren verdoppelt haben.
- Unternehmen werden immer mehr zum Risiko, wie die Rating-Agentur Standard & Poors (S&P) nachgerechnet hat, die jährlich über 4.000 öffentlich gehandelte Unternehmen bewertet. Im Jahr 1985 wurden 30 Prozent davon als A (hohe Qualität, geringe Risiken) eingestuft, im Jahr

2004 waren es nur noch 14 Prozent. Im gleichen Zeitraum ist die Anzahl der C-Einstufungen (geringe Qualität, hohes Risiko) deutlich angestiegen, von 12 Prozent im Jahr 1984 auf 30 Prozent im Jahr 2004.

Gemütlich wird es also auch zukünftig nicht. Welche Faktoren sind nun für diese verschärfte Auslese verantwortlich? Fragen wir den Managementberater Adrian Slywotzky, der strategische Risiken im Future Business identifiziert hat.

- **Stagnations-Risiken:** Die gesamte Branche, in der Sie tätig sind, ist gesättigt, Raum für Umsatzsteigerung und Wachstum ist kaum vorhanden.
- **Branchen-Risiken:** Die gesamte Branche ist derart gesättigt und wettbewerbsintensiv, dass kaum noch Geld verdient wird. Die Branche wird zur Null-Profit-Zone.
- **Wettbewerber-Risiken:** Aus dem Nichts (oder sollte man sagen: aus China oder aus dem World Wide Web) taucht plötzlich ein Wettbewerber auf, mit einer tollen Geschäftsidee, einer unschlagbaren Kostenstruktur und viel Heißhunger auf Markteroberung. Ihr gesamtes Geschäft wird dezimiert.
- **Kunden-Risiken:** Ansprüche und Erwartungen verändern sich, Ihre Produkte und Services werden langsam aber sicher weniger attraktiv. Vielleicht wird Ihr Produkt gar völlig überflüssig.
- **Übergangs-Risiken:** Neue Technologien und Vertriebsstrukturen setzen sich schlagartig durch. Das liebgewonnene Geschäftsmodell wird überrollt und ist nicht mehr wettbewerbsfähig.

Diese Risiken krempeln früher oder später auch Ihre Branche um und sorgen für Turbulenzen. Schätzungen besagen, dass in den Siebzigerjahren maximal 20 Prozent der Branchen als turbulent eingestuft werden konnten, heute sind es bereits 50 Prozent. Und durchschnittlich weniger als 25 Prozent der Unternehmen einer Branche schaffen den Übergang in die nächste Entwicklungsphase.

In einer solchen Risikowirtschaft reicht es nicht aus, den Status Quo zu verteidigen und auf bessere Zeiten zu hoffen. *„Das Gestern zu verteidigen ist riskanter als das Morgen zu schaffen"*, sagt Peter Drucker. Und findige

Berater bestätigen dies mit Zahlen: In einem turbulenten Umfeld hat die Strategie der Verteidigung eine Erfolgswahrscheinlichkeit von maximal 10 Prozent. Strategien, die gezielt nach neuen Chancen suchen, sind dagegen deutlich erfolgreicher. Genug Druck ist also da, die Arbeit an der eigenen Zukunft aufzunehmen, und zwar schnell.

1.2 Sterben und Überleben in der Automobilindustrie

Um Risiken und Bedrohungen für das Überleben zu veranschaulichen, werfen wir zunächst einen Blick auf die Automobilindustrie, die Schlüsselindustrie in Deutschland schlechthin.

Beim Blick auf den deutschen Automobilmarkt zeigt sich zunächst, dass kein Wachstum mehr zu erkennen ist, von kurzfristigen Schwankungen bei Zulassungszahlen einmal abgesehen. In den Achtzigerjahren sind jährlich drei bis vier Prozent mehr Pkw im deutschen Markt zugelassen worden. Bis zum Jahrtausendwechsel hat sich diese Entwicklung dann verlangsamt, das jährliche Wachstum lag unter 2 Prozent pro Jahr. Seit Beginn des Jahres 2000 ist das Marktwachstum zum Erliegen gekommen, der Markt stagniert auf hohem Niveau. Und daran wird sich in absehbarer Zeit auch nichts ändern.

Wie ist es dazu gekommen? Als Ursachen hierfür wurden konjunkturelle Faktoren, das schwache gesamtwirtschaftliche Wachstum und die gesunkenen Realeinkommen genannt. Viel Geld für ein neues Fahrzeug ist einfach nicht vorhanden, man kann sich das Auto vielfach nicht mehr leisten.

Dies ist sicherlich richtig, greift aber dennoch als Erklärungsansatz für geringes Marktwachstum zu kurz. Das Hauptproblem scheint vielmehr zu sein, dass der deutsche Automobilmarkt an seine „natürlichen" Grenzen gestoßen ist. Kennziffer für die Durchdringung des Marktes mit Pkw ist die sogenannte Pkw-Dichte. In Deutschland beträgt sie 565, also 565 Pkw auf 1.000 Einwohner. Wie Helmut Becker, ehemals Chefvolkswirt bei BMW, heute Leiter des Instituts IWK, einmal spöttisch formulierte: Aktuell reicht die Bevölkerung gerade aus, um die Vordersitze des Pkw-Bestandes zu besetzen.

Mehr Auto geht also nicht. Das Wachstum, wie man es lange Jahrzehnte gewohnt war, scheint vorbei zu sein. Dies wiederum verschärft den Konkurrenzdruck und den Kampf um Marktanteile natürlich erheblich. Und so konnten wir in den vergangenen Jahren Zeugen und Nutznießer einer großen Rabattschlacht werden, die sich die Automobilhersteller im Kampf um die Kunden geliefert haben. Nach Schätzungen konnten Kunden je nach Hersteller bis zu 25 Prozent auf den Listenpreis herausholen. Alternativ wurde die Tageszulassung als preisgünstige Alternative ins Spiel gebracht.

Das Rabattgebaren hat natürlich Folgen. Zum einen wird es für Kaufinteressenten für einen Neuwagen immer selbstverständlicher, saftige Rabatte zu verlangen. Hier wurden Schleusen geöffnet, die nur mit Mühe wieder zu schließen sein werden.

Zum anderen haben die Hersteller gelitten. Ihre Rechnung, den Absatz über lautstarke Verkaufsaktionen anzukurbeln, ist nicht aufgegangen. Der Absatz hat sich kaum bewegt. Dagegen sind die Erlöse je verkauftem Auto in den Keller gegangen. Denn wenn früher oder später (fast) jeder Hersteller dem Trend zum Rabatt folgt, hat nachher keiner mehr etwas zu gewinnen. Zudem hat das Markenimage darunter gelitten. Wer seine Fahrzeuge nur noch mit großem Werbeaufwand und mit noch größeren Nachlässen an den Autofahrer bringen kann, darf sich über die Folgen für sein Ansehen nicht wundern.

Nun sind aber beileibe nicht alle Automobilhersteller von der Negativentwicklung betroffen. Denken Sie nur an Porsche, wo Jahr für Jahr große Erträge erwirtschaftet werden. Hier wird richtig Geld verdient und damit meinen wir nicht nur das Gehalt von Wendelin Wiedeking, dem Porsche-Chef. Dessen Gehalt ist lediglich die berechtigte Folge der Ertragsstärke. Auch einige andere Hersteller konnten sich dem Trend entziehen. Sie sind einfach besser für die Zukunft aufgestellt.

Der eben bereits angesprochene Automobilexperte Helmut Becker hat einen Index zur Überlebensfähigkeit, den IWK-Survival-Index, entwickelt. Dabei werden Konzerne, nicht einzelne Marken in deren Portfolio, auf ihre Überlebensfähigkeit im Wettbewerb überprüft. Die Überlebensfähigkeit wird als Indexwert (0 bis 100) ausgedrückt.

Bewertet wird die aktuelle wirtschaftliche Situation eines Automobilkonzerns, das Wachstum und die Stabilität. Analysiert wird darüber hinaus die Zukunftsfähigkeit. Geprüft wird, inwieweit der Konzern seine Zukunft durch Investitionen, Innovationen, Forschung und Entwicklung absichert. Geprüft wird weiterhin, wie wettbewerbsfähig ein Konzern ist und wie solide seine Strategie, also wie flexibel, nachhaltig und systematisch agiert wird.

Die höchsten Werte auf dem Überlebens-Index erzielt Toyota (Indexwert 89,99). Generell zeigen asiatische Konzerne (Honda auf Rang 2 und Nissan auf Rang 4) eine gute Zukunftsperformance. Das Schlusslicht bildet der Fiat-Konzern mit einem Indexwert von 30,87. Dies ist existenzbedrohend. (Die aktuellsten Daten stammen aus dem Jahr 2006 und müssen kontinuierlich überprüft werden. Aktuell hat Toyota nämlich mit Schwierigkeiten zu kämpfen, während sich Fiat im Aufwind befindet.)

Der beste deutsche Konzern ist BMW auf Rang drei (Indexwert 71,35). Vor allem durch seine Innovationsorientierung kann BMW überzeugen. Volkswagen und Mercedes-Benz befinden sich im Mittelfeld. Damals war allerdings die Trennung von Chrysler noch nicht vollzogen. Mittlerweile arbeitet der neue Mann in Stuttgart, Dieter Zetsche, intensiv an der Stärkung der Ausgangslage und der Zukunftsfähigkeit des Konzerns.

Wie wird es weitergehen? Die vergangenen Jahrzehnte haben gewaltige Bereinigungswellen und Konzentrationstendenzen gezeigt. 1960 waren noch 62 unabhängige Automobilhersteller am Markt, heute sind es zwölf. Und wie sieht es 2015 aus? Wer wird geschluckt oder verschwindet gar ganz? Prognosen besagen, dass 2015 nur noch neun Konzerne am Markt weiter Bestand haben werden.

1.3 Verpasste und genutzte Chancen in der Unterhaltungselektronik

Viele, zumindest viele der etwas Älteren, werden die Marken aus der deutschen Wirtschaftswunderzeit noch kennen: Wega, Uher, Saba, Telefunken, Nordmende, Grundig und Dual. Wo sind diese Marken geblieben? Die ersten drei auf dem Markenfriedhof, die vier letztgenannten existieren nur noch als Randmarken ausländischer Hersteller oder Investoren.

Warum ist es dazu gekommen? War Ursache hierfür „die Achse des Bösen", wie David Bosshart dies nennt, also die Globalisierung und die damit verbundene Billigproduktion in Fernost? Nein, die Gründe liegen ganz woanders. Die deutschen oder auch andere westeuropäische Hersteller haben die Entwicklung schlicht verschlafen und die gebotenen Chancen ausgelassen.

Wir wollen dies mit konkreten Beispielen belegen. So schrieb die FAZ unter dem Titel ‚Vom Überleben in der Premiumnische': *„Der Begriff ‚Braune Ware' wäre der Branche fast zum Verhängnis geworden. Er stammt noch aus den Zeiten, in denen sich der Fernseher noch in perfekter farblicher Harmonie in die Eichenschrankwand im Gelsenkirchener Barock einpassen ließ. Für die Küche wurde die ‚Braune Ware' mit abwaschbarer Decifix-Folie im Holzlook geliefert. Fast alles, wo Musik oder Fernsehbilder herauskamen, war braun – und vielfach in Deutschland produziert. Es steckte viel Qualität in den Geräten mit dem etwas angestaubten Image."*

Damit waren die deutschen Hersteller der übermächtigen Konkurrenz aus Fernost hilflos ausgeliefert. Denn neben den niedrigen Produktionskosten fehlte es den deutschen Herstellern an Innovationen. Diese kamen in immer kürzeren Zyklen von der asiatischen Konkurrenz. Dort wurden Geräte gebaut, die im Preis deutlich unter den deutschen Fabrikaten lagen, vielfach in der Anmutung moderner waren und vor allem innerhalb kurzer Zeit auch in der Qualität den deutschen Angeboten in nichts nachstanden.

Beispielhaft sei der Niedergang von Grundig erwähnt, ein klassisches deutsches Traditionsunternehmen. Max Grundig, der Unternehmensgründer, begann sich bereits als Jugendlicher für das gerade neu in Mode gekommene Medium Radio zu interessieren. 1945 kam das erste Grundig-Gerät unter dem Etikett RVF (Radio-Vertrieb Fürth) auf den Markt. Der Rundfunkbaukasten, der den schönen Namen Heinzelmann trug, war Auftakt und Durchbruch für die Geräteproduktion des RVF. Die Monatsproduktion wuchs auf über 70.000 Geräte im Jahr 1960 und Max Grundig wurde

Europas größter Rundfunkgeräte- und der Welt größter Tonbandgeräte-Produzent.

Anfang der Achtzigerjahre geriet Grundig in den Sog der billigen und modernen Produkte aus Fernost, die den Markt massenhaft überschwemmten. Eine Verlagerung der Produktion nach Fernost lehnte Max Grundig ab, da eine solche langfristig nicht funktionieren könne, weil dann in Deutschland bald keine Arbeit und damit auch keine Kaufkraft mehr vorhanden wäre.

Im Nachhinein ein Fehler, aber nicht der alleinige. Denn es gab neue Trends und neue Chancen. Etwa den Video-Recorder, der Anfang der Achtziger die deutschen Wohnzimmer eroberte. Die Entwicklung wurde zu spät aufgegriffen. Zudem bot das Haus Grundig parallel fünf unterschiedliche und nicht kompatible Video-Formate an nach dem Motto: Für jeden etwas!

Im Jahr 2003 ging der Konzern in die Insolvenz. Heute wird die Marke von einem Investor im Niedrigpreissegment verkauft. Der Markenname klingt noch positiv nach, aber aus sehr ferner Vergangenheit.

Zusammenfassend wollen wir festhalten: Die Chancen in den Zeiten der Bedarfssättigung wurden erkannt, bei Kostendruck und Innovationsflut fanden die Manager jedoch keine Konzepte. Stattdessen blieb man vergangenen Erfolgen verhaftet. Die Konzepte aus den Wirtschaftswunderjahren, entscheidend geprägt von reiner Bedarfsdeckung, wurden von Grundig beibehalten.

Aber es geht auch anders. Ein Erfolgsmodell ist das Unternehmen Loewe, das konsequent und erfolgreich auf das Premiumsegment und auf die entstandene Marktlücke „Made in Germany" setzte.

Im Jahr 2003 geriet jedoch auch Loewe in eine ernsthafte Krise. Die Kunden in Europa erkannten: Das Premium-TV-Gerät der Zukunft ist flach. Doch das Angebot war noch sehr teuer und in der Qualität schlechter als das Bildröhren-Fernsehgerät. Deshalb warteten die Kunden massenhaft mit dem Kauf; der Premium-TV-Markt in Europa halbierte sich nahezu. Und dies brachte auch Loewe Verluste.

Das Unternehmen setzte aber rasch einen Restrukturierungsplan um, der neben Kostensenkungen vor allem Investitionen in die Premiummarke, in neue Produkte und in den internationalen Vertrieb beinhaltete. Zudem beteiligte sich das japanische Unternehmen Sharp über eine Kapitalerhöhung mit fast 29 Prozent der Anteile an Loewe. Heute ist Loewe der größte TV-Hersteller in Deutschland – vor Metz und Technisat. Geschafft wurde dies durch die konsequente Ausrichtung auf das Premium-Segment des Marktes und die klare Profilierung als designorientierte Premiummarke. Eine Chance wurde genutzt.

Dr. Sauter

Fragen an Herrn Dr. Sauter, Partner der Unternehmensberatung Horvath & Partner

Herr Dr. Sauter, Was haben Loewe und auch andere UE-Hersteller in der Vergangenheit falsch gemacht?

Loewe, wie die gesamte Unterhaltungselektronik-Branche, hat den Trend zu flachen Fernsehgeräten falsch eingeschätzt. Die Konsumenten sahen 2003: Die Zukunft des hochwertigen TV-Gerätes ist flach. Aber die flachen Geräte waren noch sehr teuer und in der Qualität schlechter als die Bildröhren-Geräte. Deshalb warteten die Kunden massenhaft mit dem Kauf in der Hoffnung, dass die Geräte billiger und besser werden. Dieses Abwarten hat den Premium-TV-Markt in Europa nahezu halbiert. Das war die Ursache für die Krise bei Loewe. Flache TV-Geräte hatte Loewe bereits seit 1998 im Sortiment.

Was hat Loewe in der jüngeren Vergangenheit richtig gemacht?

Loewe hat sehr schnell erkannt, dass es bei seinen Qualitätsansprüchen und seinem Bekenntnis zum Produktionsstandort Deutschland nur das Premiumsegment adressieren kann. Diese Premiumstrategie umfasst die Premiumpositionierung der Marke am Point-of-Sale, die Gestaltung des Distributionsnetzes und die konsequente Ausrichtung der Produkte im Sinne Design, Funktionalität und einfach zu bedienende, dem Kunden wirklich nutzenstiftende Innovationen auf klar definierte Zielgruppen. In all diesen Themen hat Loewe in den letzten Jahren große Fortschritte erzielt. Mit den einzelnen Produktlinien werden ganz spezifische Kundensegmente angesprochen. So ist es zum Beispiel gelungen, mit der neuen Connect-Familie eine vor allem junge, technik- und desgin-affine Kundengruppe zu erschließen. Am Ende kommt es neben der Priorisierung der „richtigen" strategischen Themen auf die Schnelligkeit der Umsetzung insbesondere in diesem Markt an. Der Strategieumsetzung kommt eine sehr große Bedeutung zu.

Welche Themen wurden als strategisch relevant identifiziert?

Im Rahmen des Strategieprozesses wurde die besondere Bedeutung der Internationalisierung und des Kundenmanagements identifiziert.

Für die Internationalisierungsstrategie von Loewe bedeutet dies – vor dem Hintergrund der begrenzten Ressourcen – sich auf besonders lukrative Märkte und auch dort nur auf ausgewählte Metropolen zu konzentrieren.

Für das Kundenmanagement heißt das, alle Prozesse konsequent auf die Bedürfnisse und die Erwartungen eines Premium-Endkunden und eines Premium-Fachhändlers auszurichten. Das Ganze muss natürlich durch ein leistungsfähiges IT-System unterstützt werden.

Wo liegen die Chancen für Loewe in der Zukunft?

Die Chancen für Loewe werden auch zukünftig ausschließlich im Premiumbereich liegen. Hier hat Loewe auch im Vergleich mit der Premium-Konkurrenz große Potenziale, die es zu heben gilt. Neben den Standbeinen Design und Funktionalität, also eher der Produktqualität, gilt es in neuen Themen wie Internet-TV mit dabei zu sein und auch hier durch sinnvolle Innovationen zu überzeugen.

Ein weiteres Potenzial liegt in der Servicequalität. Über die Beratung und den Aufstellservice hinaus, den es ja bereits gibt, erwartet der Premium-Kunde Rund-um-Service, der auch komplexere Installationen, wie zum Beispiel Multiroom oder die Einbindung in die Netzwerk- und Haussteuerung, sicherstellt.

Was muss getan werden, um diese Chancen zu nutzen?

Ausschlaggebend bei allen Punkten ist die Frage: Was will der Kunde? Hier ist es wichtig, neue Technologien und Trends kritisch zu hinterfragen. Was bringt es dem Kunden tatsächlich? Was erwarten meine Kunden hier besonderes? Gegebenfalls müssen über Kooperationen die Innovationskraft und die Servicequalität weiter ausgebaut werden. Und zu guter letzt eine schnelle und konsequente Umsetzung ...

1.4 Die Zukunftsfrage stellt sich für jeden

Gute Gründe, sich intensiv mit der Zukunft zu befassen. An der Frage, wie man zukünftig im Business bestehen kann, kommt einfach keiner mehr vorbei.

Dies gilt quer durch alle Branchen, wie ein kurzer Blick auf den geplagten Einzelhandel und damit verbunden auch auf die Konsumgüterindustrie zeigt. Ulrich Eggert, einer der führenden deutschen Handelsexperten, sagt hierzu:

- Das Wachstum des Handels bleibt auf längere Sicht gering. Die realen Nettoverdienste der Verbraucher sind in den vergangenen Jahren gesunken und werden dies auch in den nächsten Jahren tun. Der Trend wird sich auch in absehbarer Zeit nicht umkehren lassen.
- Der Anteil des Einzelhandels an den privaten Konsumausgaben der Deutschen ist kontinuierlich zurückgegangen: 1990 waren es noch 40 Prozent, aktuell sind es 30 Prozent und für 2020 wird nur noch mit 25 Prozent gerechnet. Eine Basis für ein Handelwachstum ist damit nicht gegeben.
- Gleichzeitig ist der Kampf um die schwindenden Handelsausgaben voll entbrannt. Neue Wettbewerber aus fremden Segmenten, aber auch aus dem Ausland mischen kräftig mit. Die Industrie, bislang überwiegend Lieferant des Handels, entdeckt den Handel zunehmend für sich.

Eggert bringt die Situation im Einzelhandel auf den Punkt: „To have lunch or to be lunch" ist jetzt und zukünftig die Devise. Was bedeutet das aber nun für einzelne Branchen? Wir wollen am Beispiel des deutschen Einzelhandels eine kurze Sturmwarnung geben und ausgewählte Branchen beschreiben. Zur Einstufung verwenden wir dabei folgende Symbole:

<<<	Starker Gegenwind
<<	Gegenwind
<	Leichter Gegenwind
>	Leichter Rückenwind
>>	Rückenwind
>>>	Starker Rückenwind

Generell lässt sich festhalten, dass über die deutsche Handelslandschaft ein schon mehr als leichter Gegenwind hinweggefegt. Mitte des Jahres 2008 stehen die Zeichen im Binnenmarkt eher auf Sturm. Alle ökonomischen Daten geben Grund zum Pessimismus. Die deutlich gestiegenen Lebenshaltungskosten, insbesondere die extrem gestiegenen Energiekosten, das Lieblingsthema der Journalie, haben dem deutschen Verbraucher die Kauflaune genommen.

Exemplarisch sehen wir uns sechs Branchen näher an, darunter die Branchen Bekleidung, Möbel und Neuwagen, die mit Gegenwind zu kämpfen haben. Andere Branchen, hierzu zählen Informations- und Kommunikationstechnologie, aber auch die Unterhaltungselektronik, profitieren hingegen vom Rückenwind.

Bekleidung
Windvorhersage: << (Gegenwind)
Es fehlt an ausreichender Kaufkraft insbesondere bei den Mittelschichten, Budgets werden anders eingesetzt oder müssen anderweitig eingesetzt werden. Davon profitieren die Anbieter im Niedrigpreissegment. Lifestyle à la H&M oder ZARA kann Zugewinne verbuchen und wird durch Prestige-Kollektionen weiter aufgewertet. Auch High Fashion legt zu. Der Markt polarisiert sich. Discounter und Vertikalisten werden zu Lasten des Fachhandels stärker. Zunehmende Konzentration der Anbieter.

Möbel
Windvorhersage: << (Gegenwind)
In konjunkturell schwierigen Zeiten werden Möbelkäufe häufig aufgeschoben, eine fehlende Dynamik im Wohnungsbau führt ebenfalls zu einer rückläufigen Entwicklung. Besonders betroffen ist dann die „Mitte", Chancen bestehen jedoch im Niedrigpreis- und im Premiumsegment.

Autos/Neuwagen:
Windvorhersage: << (Gegenwind)
Die stark gestiegenen Treibstoffpreise und die nicht endende CO_2-Diskussion verunsichern den Verbraucher. Die Automobilhersteller haben hierauf noch keine Antwort gefunden. Zu einem Boom kann es dann kommen, wenn ausgereifte und akzeptierte Zukunftstechniken mit niedrigem Ver-

brauch angeboten werden. Auch eine bezahlbare neue Batterietechnologie wird den Markt nachhaltig neu beleben können und dann einen wahren Boom bei Elektro- und Hybridfahrzeugen auslösen.

ITK (Informations- und Telekommunikationstechnologie)
Windvorhersage: >> (Rückenwind)
Die Ausgaben rund um die Information und Kommunikation sind gesetzt, permanente Innovationen werden insbesondere von jüngeren Zielgruppen schnell aufgegriffen. Produktkonjunkturen wie das iPhone wird es immer wieder geben.

Unterhaltungselektronik
Windvorhersage: > (leichter Rückenwind)
Flachbildschirme und HDTV-Technik setzen sich durch, es fehlt nicht an erfolgreichen Produktinnovationen über alle Segmente. Auch in der nächsten Zeit wird es neue Produktkonjunkturen geben.

Ulrich Eggert

Zu dieser Entwicklung sprachen wir mit einem der führenden deutschen Handels- und Trendforscher Ulrich Eggert.

Herr Eggert, Sie analysieren als Forscher und Berater den Handel bereits seit mehr als 35 Jahren, haben Sie solch turbulente Zeiten bereits vorher erlebt?

Ja, die gab es durchaus, aber so lang anhaltende Turbulenzen hat es bisher noch nicht gegeben.

Was ist derzeit besonders schwierig rund um den Konsum?

Das sind mehrere Dinge:
- Die Einkommen steigen nur brutto, aber nicht netto und real.
- Starke Preissteigerungen, insbesondere für Energie und Gesundheit
- Die konterkarierende Erhöhung der Mehrwertsteuer wirkt weiter nach.
- Wir werden alle immer älter und Senioren haben in der Regel verminderte Bedarfsstrukturen.
- Der Handel hat für die Senioren-Zielgruppe nicht die richtigen Betriebstypen entwickelt, so fehlt zum Beispiel im DIY-Bereich (Do It Yourself-Bereich) ein Betriebstyp für Nahversorgung in der Größe von 200 bis 300 m² in Wohngebieten oder an Ausfallstraßen.

Sollte die schwächelnde Kaufkraft über mehr als fünf Jahre anhalten, was passiert dann in der deutschen Handelslandschaft?

Was dann passiert, hat längst schon unaufhaltsam begonnen, wir bekommen eine sehr starke Umstrukturierung des deutschen Handels. Dieser wird umso schärfer, je stärker und länger die konjunkturelle Delle 2009/2010/2011 auftritt.

Wer wird besonders betroffen sein?

Es werden besonders unprofilierte Unternehmen betroffen sein, wie zum Beispiel die restlichen Warenhäuser und die branchenorientierten Kaufhäuser zum Beispiel im Bereich Bekleidung. Auch die Großversender werden echte Probleme bekommen.

Zusätzlich werden sich starke Umstrukturierungen bei den Möbelfilialisten und Bau- und Heimwerkermärkten ergeben, diese haben insbesondere in Ostdeutschland zu große Flächenkapazitäten aufgebaut.

Unsere Publikation beschäftigt sich im Wesentlichen nicht mit dem Negativen, sondern mit den Chancen. Was können Sie allen raten, die in diesen turbulenten Zeiten im Handel unterwegs sind? Wo liegen die Chancen für die Zukunft?

Gott sei Dank ist das nicht nur ein Aspekt, sondern es sind relativ viele strategische Akzente wie zum Beispiel:

- Kooperation, aber nicht nur im Einkauf, sondern immer stärker im Vertrieb
- Das geht hin bis zum Systemvertrieb, insbesondere durch Franchise, etwa indem man eigene Filialen zu Franchisepartnern großer Franchisegeber macht.
- Die Kooperation wird auch vertikal stärker verlaufen, das heißt die Vertikalisierung des Handels mit der Industrie, bzw. der Industrie mit dem Handel wird sich durchsetzen. Dies wird dann auch in Branchen stattfinden, die heute noch gar nicht betroffen sind.

Die Konsequenz aus dieser Entwicklung werden auch immer mehr Mono-Label-Stores sein, in welcher vertraglichen Gestaltung auch immer.

Es wird eine neue Mitte aufkommen, das bedeutet nichts anderes, als dass Luxus-Labels in die Mitte gehen oder Discount- oder Handelsmarkenprodukte aufgewertet werden. Beispiel hierfür sind die Gourmet-Linien der Discounter oder auch Lagerfeld bei H&M.

Was würden Sie den kleineren Einzelkämpfern raten, haben diese eine Zukunftschance?

- Zuerst kann ich sagen „siehe oben".
- Die Kompetenz im wahrsten Sinne des Wortes ist gefordert, besser sein als andere Anbieter, das betrifft Personalführung, Beratung, Sortiment und die Warenpräsentation.
- Die Kundenorientierung muss als Leitaufgabe auf Lebenszeit gelten.
- So viel Persönlichkeit wie möglich, das heißt persönliche Kommunikation.

Die Fallbeispiele und die Daten und Fakten zum Umfeldwandel liefern ausreichend Gründe, sich intensiv mit der Zukunft zu befassen. An der Frage, wie man zukünftig im Business bestehen kann, kommt einfach keiner mehr vorbei.

Dies gilt quer durch alle Branchen sowie für die verschiedenen Arten von Unternehmen, von der Neugründung, über etablierte Unternehmen mit langjähriger Marktpräsenz bis hin zu nicht-kommerziellen Organisationen. Jedes Unternehmen hat mit je eigenen Anforderungen und Problemen zu kämpfen. Die Zukunftsfrage stellt sich daher auch mit etwas anderem Akzent.

Neugründungen haben neben Problemen mit der Kapitalbeschaffung stärker mit turbulenten Märkten und starken Marktbereinigungsprozessen zu kämpfen. Neue, auch innovative Ideen sind oft vorhanden, es mangelt aber vielfach an der Kontrolle, einer vorausschauenden Finanzplanung, überhaupt am Management und einem systematischen Prozess. Das etablierte Unternehmen dagegen hat stärker mit dem Bestehenden zu kämpfen. Eingefahrene Regeln und Branchenweisheiten, die den Blick verengen, gilt es zu überwinden. Hier sind die Offenheit, das Hervorbringen von neuen Ideen und die Umsetzung von neuartigen Angeboten stärker das Problem.

Schließlich stellt sich die Zukunftsfrage auch für jeden in einem Unternehmen Tätigen. Zukunft ist kein Exklusivthema für die Geschäftsführung. Zukunft geht jeden an, und sei es nur, um den weiteren Verbleib im Unternehmen von der mutmaßlichen Überlebensfähigkeit des Arbeitgebers abhängig zu machen. Angesichts der berichteten Überlebensraten ist regelmäßige Pulskontrolle unser ärztlicher Ratschlag.

Im Übrigen stellt auch das Alter keine Beschränkung dar, wie einem der Autoren klar wurde, als er einen Zukunfts-Workshop mit einem Unternehmen durchführte. Die Vorgespräche fanden mit dem Vertriebsleiter statt. Zum Workshop würden die beiden Inhaber mitkommen, hieß es. Beide entpuppten sich dann als rüstige Senioren, klar jenseits der Siebzig. Wollten die zum Kollegen, der Nachfolgeberatung anbietet? Nein, Sie wollten zu uns und die Fitness ihres Unternehmens für die nächsten zehn Jahre diskutieren. Ihre eigene Fitness stand dabei übrigens außer Frage.

1.5 Die Zukunftsfrage stellt sich auch für Sie

Wenn Sie die Daten, Fakten und Fallbeispiele, die wir Ihnen bisher präsentiert haben, zur Kenntnis genommen haben, können Sie kaum erwarten, vom Wandel verschont zu bleiben. Die Insel der Seligen gibt es nicht.

Wir präsentieren Ihnen daher das folgende Schema zur Bewertung Ihrer eigenen Branche.

	Möbel	UE	Bekleidung	ITK	Auto
Stagnations-Risiken	+	O	O	O	++
Branchen-Risiken		O	O	+	++
Wettbewerber-Risiken	O	+	O	+	+
Kunden-Risiken		O		O	
Übergangs-Risiken	O	+	O	+	+

Zur Erinnerung

Stagnations-Risiken	Zur Stagnation kommt es, wenn der Markt gesättigt ist.
Branchen-Risiken	Neben der Marktsättigung kommt es zu steigender Wettbewerbsintensität
Wettbewerber-Risiken	Neue Wettbewerber tauchen aus dem Nichts auf.
Kunden-Risiken	Ansprüche und Erwartungen der Verbraucher verändern sich rapide.
Übergangs-Risiken	Neue Technologien und Vertriebsstrategien setzen sich schnell durch.

Hier können Sie Ihre Branche eintragen:

	Ihre Branche
Stagnations-Risiken	
Branchen-Risiken	
Wettbewerber-Risiken	
Kunden-Risiken	
Übergangs-Risiken	
Sonstige Risiken?	Ihre Branche

Abbildung 1: Risikobewertung von Branchen

Wir hoffen, wir haben Ihnen damit jetzt keinen „Zukunftsschock" verpasst, den der berühmte Zukunftsforscher Alvin Toffler benannt und analysiert hat. Wir wollten das Gefühl für die Dringlichkeit der Zukunftsarbeit schärfen. Ist dies vorhanden, gilt es, sich mit der richtigen Zukunftshaltung an die Arbeit zu machen. Wie das geht, zeigen wir Ihnen im folgenden Kapitel 2.

2.
Zukunftshaltung annehmen

Unsere Erfahrung zeigt, dass die Beschäftigung mit der Zukunft zunächst die richtige Haltung erfordert. Eine effektive Arbeit an der Zukunft ist nicht möglich, wenn man sich panisch von Bedrohungen umzingelt fühlt. Sie ist auch nicht möglich, wenn man stur auf tradierte Regeln und Weisheiten setzt, die Offenheit im Denken und die Bereitschaft zu Neuartigem auch nicht im Ansatz vorhanden ist. Und sie ist nicht möglich, wenn nur beweisbare Daten und Fakten gelten, mit Unschärfen und Intuitionen nicht gelebt werden kann.

Jeder, der im Business tätig ist, muss sich daher zunächst drei Fragen zur richtigen Zukunftshaltung stellen. Fragen Sie sich zunächst, ob bei Ihnen, in Ihrem Unternehmen, der „Apokalypse-Angsthase" regiert, wie Matthias Horx das nennt. Dominiert die Furcht vor der Zukunft, vor Umwälzungen, vor Konkurrenten und vor dem eigenen Scheitern? Oder sind Sie als Entscheider bzw. als Unternehmen emotional gerüstet, also gelassen, konstruktiv und zuversichtlich, um die Arbeit an der Zukunft effektiv angehen zu können? Mit diesen Fragestellungen befassen wir uns in Kapitel 2.1.

Fragen Sie sich weiterhin, mit welchem Wahrnehmungs- und Denkhorizont Sie an die Zukunft herangehen. Verfolgen Sie die gewohnten Pfade, glauben Sie an die gelernten Branchenweisheiten? Oder achten Sie auf alles, was sich entlang des bewährten Pfades an Chancen und Wachstumsmöglichkeiten bietet? Hören Sie auf schwache Signale, neue Stimmen und Ideen? Und hören Sie wirklich darauf? Lesen Sie mehr in Kapitel 2.2.

Fragen Sie sich schließlich, wie Sie mit Daten, Fakten und Prognosen einerseits, Unwissenheit, Unsicherheit und Intuitionen andererseits umgehen. Zählt bei Ihnen nur das eine oder das andere, also nur die Marktstudie oder nur das Bauchgefühl des Chefs? Oder versuchen Sie, beides zu seinem Recht kommen zu lassen und in ein stimmiges Verhältnis zu setzen? Antworten darauf geben wir in Kapitel 2.3.

Jede der drei Fragen zur Zukunftshaltung erfordert eine ehrliche Antwort. Dazu haben wir einen kleinen Selbst-Test entwickelt. Gehen Sie den Test durch und stellen Sie sich auf die Probe. Prüfen Sie, ob Sie bereits Zukunftshaltung angenommen haben oder wo es noch hapert.

2.1 Gelassen bleiben – Mental stark in die Zukunft

Unsere Erfahrung zeigt, dass der Beschäftigung mit der Zukunft mentale Blockaden entgegenstehen. Auf drängende Zukunftsfragen wird oftmals mit Pessimismus, Gejammer und regelrechter Angst reagiert. Hierin sind die deutschen Weltmeister. Nicht umsonst ist auch die „German Angst" sprichwörtlich.

Gerade aktuell scheint Deutschland von regelrechten Angstschüben geplagt. Der Tiefenpsychologe Stephan Grünewald und seine Mitarbeiter haben mehr als 20.000 Deutsche auf die Couch gelegt, ihre Seelennot vernommen und fachmännisch interpretiert. Sie kommen zu dem Schluss: Die Deutschen sind überfordert, irritiert und ängstlich. Sie haben Angst vor dem Jahrtausend. Sie spüren den Umbruch und den Veränderungsdruck. Sinnbild hierfür sind die zusammensackenden Türme des 11. September. Auch bei uns scheint ja so einiges zusammenzusacken, der Wirtschaftsstandort Deutschland scheint bedroht, der Staat soll bald bankrott sein und unser Bildungssystem nicht konkurrenzfähig. In dieser Lage werden Orientierung und Perspektive zwar sehnsüchtig gewünscht, können aber nirgendwo ausgemacht werden. Stattdessen verharrt der Deutsche in Blockade.

Unterstützt und angeheizt wird die Angst durch eine Lobby des Untergangs, die ihren Pessimismus und ihre Apokalypse-Visionen lautstark und prominent zu Gehör bringt. Die Phalanx der Untergangs-Lobby wird gebildet von

- alarmschlagenden Intellektuellen (Was wäre eine öffentliche Debatte ohne die moralisierenden Oberlehrer Günter Grass oder Günter Wallraff, der durchaus Missstände bei einzelnen Unternehmen aufdeckt, dabei aber ganze Branchen in Misskredit bringt?),
- Attac, Greenpeace & Co., die ihr Angst-Thema auf der Tagesordnung halten wollen und halten müssen,
- einer popularisierenden Wissenschaft, die sich auf der Welle des Angst-Themas aus der akademischen Nische freizuschwimmen versucht,
- einer Medienmaschinerie, die Angst-Themen immer gerne aufgreift, denn Angst-Schocker bringen Auflage bzw. Quote. Das Glas ist daher zumeist halb leer, fast nie halb voll. (Eine Ausnahme erwähnen wir gerne. In der

Juli-Ausgabe 2008 berichtet der Fokus über Weltuntergangsmythen und lässt bekennende Zukunftsoptimisten, hierunter den führenden Trendforscher Matthias Horx, zu Wort kommen.)

Gemeinsam stimmen sie in immer neuen Varianten die Melodien des „Immer schlimmer" und „Eigentlich zu spät" an. Wie diese Angstfabrik funktioniert und welcher Realitätsgehalt oftmals dahinter steckt, zeigen wir am besten an einem Fallbeispiel. Dabei geht es um eines der Lieblinge der Deutschen, nämlich ihr Auto, und die Angst vor der Invasion der Chinesen.

Die Chinesen kommen! So hallte es im Jahr 2007 quer durch alle Gazetten und Fachblätter. Gemeint ist der Versuch chinesischer Automobilhersteller, den Sprung auf den deutschen Markt zu machen. Viel ist da von Angriff und Überrollen die Rede, gar wird die „Gelbe Gefahr", ein Feindbild vergangener Zeiten, beschworen.

Begleitet wird dieser Warnruf von Marktforschungsstudien, die großes Kaufinteresse bei Pkw-Fahrern erkennen. 15 Prozent der Autokunden sollen sich grundsätzlich vorstellen können, ein Auto aus China zu kaufen. 11 Prozent der Autokunden sollen gar schon innerhalb der nächsten 12 Monate überlegen, ein Billigauto zu erwerben. Davon bevorzugt jeder Vierte ein Auto aus China. Aus dem Stand kämen chinesische Automobilhersteller damit auf beachtliche Zulassungszahlen, die viele etablierte Hersteller nur neidisch machen können.

Auch Automobilexperten melden sich zu Wort, die die etablierten Hersteller in großer Bedrängnis, gar auf einem Crashkurs sehen. Die chinesischen Hersteller beschleunigten die abschüssige Entwicklung weiter. Die ersten chinesischen Autos seien weggegangen wie „warme Semmeln". Wenn die Chinesen weiter an der Fahrzeugqualität arbeiteten und ihr Image aufpolierten, ginge es den etablierten Marktteilnehmern an den Kragen.

Stimmt das? Nach unserer Ansicht wird hier ein Angstszenario aufgebaut, das folgende angstauslösende Komponenten umfasst: Zunächst wird eine Bedrohung ausgemacht, die tiefverwurzelte Ängste, die „Gelbe Gefahr", aktiviert. Die deutschen Anbieter, überhaupt die westliche Welt erscheinen relativ wehrlos, die Chinesen haben eher leichtes Spiel. Hinzu kommt noch, dass die Chinesen als Falschspieler porträtiert werden, die sich unlauterer Methoden bedienen. Sie treten als Plagiatoren unserer deutschen Technik und Entwicklungsarbeit auf. Kein Wunder also, dass der Untergang am nicht allzu fernen Horizont droht.

Was ist von diesem Angstszenario zu halten? Zunächst einmal sind die Anstrengungen der Chinesen, Autos zu bauen und weltweit zu vertreiben, natürlich nicht zu unterschätzen. Das Fallbeispiel Toyota zeigt, wie Arroganz und Geringschätzung früher oder später bestraft werden. Die einstmals viel belächelte Marke Toyota nimmt heute, was den Umsatz anbelangt, den Platz des größten Automobilherstellers der Welt ein, vor General Motors, Ford und Volkswagen. Gleichzeitig ist aber immer auch ein Blick auf die Fakten ratsam, um Entwicklungen angstfrei einschätzen zu können.

Und die Fakten zeigen, dass den meisten deutschen Pkw-Fahrern die chinesischen Angebote relativ unbekannt sind. In einer ABH-Studie haben wir bundesweit und repräsentativ 1.000 Pkw-Fahrer befragt. Es zeigte sich, dass die Marke Brilliance, die sich seit einiger Zeit auf dem deutschen Markt abmüht, auf Nachfrage weniger als jedem Zehnten bekannt ist. Die angebotenen Modelle sind in den Köpfen der Autofahrer nicht präsent.

Zudem bestehen erhebliche Vorbehalte beim Thema Sicherheit. Viele Autofahrer sehen die Chinesen als Risiko auf vier Rädern, mit denen noch nicht einmal längere Fahrten ratsam sind. Entsprechend gering ist auch das Kaufinteresse, sodass die geplanten Verkaufszahlen nicht annähernd erreicht werden. Einige Modelle wurden wieder vom Markt genommen, der Versuch zur Markteroberung ist erst einmal verschoben.

Viel Lärm um nichts also? Ein reiner „Chinakracher"? Das Billigauto der Marke Dacia, kein Chinese übrigens, sondern ein Rumäne, hat vorgemacht, was mit Billigautos zu erreichen ist. In kürzester Zeit hat die Marke fast ein Prozent im deutschen Markt erobert. Hier stimmen aber auch die Qualität und der Vertrieb. (Hinter Dacia steht Renault mit seiner Technik und seinem Händlernetz.)

Potenzial für Billigautos, auch der Chinesen, ist also durchaus vorhanden. Die Chinesen werden das Potenzial aber nicht sofort abschöpfen können, dafür hapert es viel zu sehr an Grundlegendem. Die Chinesen kommen also noch nicht. Zudem sind die etablierten Hersteller nicht wehrlos den Angriffen ausgesetzt. Bis zur Entscheidungsschlacht können sie sich rüsten und Konterstrategien entwickeln. Unser Fazit ist daher: Keine Angst vorm Billigauto.

Wie das Fallbeispiel zeigt, ist Angst kein guter Ratgeber. Angst blockiert, Angst schafft Feinbilder und erzeugt Fehlreaktionen. Stattdessen gilt es, Zukunftshaltung anzunehmen, also mit der nötigen Wachsamkeit, aber auch mit dem gebotenen Optimismus an die Zukunft im Business heranzugehen.

Prüfen Sie Ihre mentale Verfassung. Sind Sie Apokalypse-ängstlich oder konstruktiv-zukunftsoffen?

Checkliste „Mentale Gelassenheit"

Gelassenheitspunkte	1	2	3	4	Mentale Gelassenheit
Das grundlegende Weltmodell	Der Kuchen ist begrenzt	Die Größe des Kuchens ist ungewiss	Der Kuchen wird größer	Der Kuchen ist unbegrenzt	
Technologie	Wir sind schon heute übertechnologisiert	Der Gegenwert der Technologie wird immer geringer	Technologie ist für den Fortschritt notwendig	Technologie löst fast alle Probleme	
Management und Entscheidungsbildung	Der Misserfolg ist fast sicher	Ein wahrscheinlicher Misserfolg	Gemäßigt erfolgreich	Kein ernstes Problem	
Die Rohstoffvorräte	Ständige Verknappung	Anhaltende Schwierigkeiten	Im Allgemeinen ausreichend	Wirtschaft und Technik können ausgezeichnete Lösungen bieten	
Das gegenwärtige Wachstum (Bevölkerung und Wirtschaft)	Ein sich ausbreitender Tumor	Ein großes Potenzial an Katastrophen	Wahrscheinlicher Übergang zur Stabilität	Wachstum der Bevölkerung ist wünschenswert und gesund	
Neuerungen und Entdeckungen	Eine Falle	Zunehmend wirkungslos	Im Allgemeinen wirkungslos	Die größte Hoffnung der Menschheit	
Einkommensunterschiede und Armut	Ein tragisches Ende steht bevor	Zunehmend und bedrohlich	Abnehmende absolute Armut	Ein falsch formuliertes Problem	
Die industrielle Entwicklung	Eine Katastrophe	Ein Schritt rückwärts	Sollte fortgesetzt werden	Notwendig für Reichtum und Fortschritt	
Die Lebensqualität	... ist zerstört	... ist im Konflikt mit großem Wachstum	... wird eher besser als schlechter	... ist eine sinnlose Phrase	
Die langfristigen Aussichten	Armselig und verzweifelt	Mögliche Katastrophe	Ein Erfolg ist möglich	Vertrauen und großer Optimismus	
	Mentale Gelassenheit gesamt (Zählen Sie Ihre Punkte zusammen)				

Abbildung 2a: Checkliste: Selbst-Check „Mentale Gelassenheit" (In Anlehnung an das Zukunftsschwergewicht Hermann Kahn und seine Publikation „Vor uns die guten Jahre. Ein realistisches Modell unserer Zukunft" aus dem Jahr 1977 !!!)

Auswertung

35 bis 40 Punkte	Sie gehören zu den Technologie- und Wachstumsenthusiasten, das ist gut so. Aber beachten Sie: Das Wachstum ist nicht grenzenlos.
25 bis 34 Punkte	Sie sind ein gemäßigter Optimist, diese Haltung ist oft die richtige. Ein gewisser Enthusiasmus schadet aber auch nicht.
15 bis 24 Punkte	Sie sind gemäßigt pessimistisch, bei Ihnen ist das Glas meist halb leer statt halb voll. Die Zukunft ist mit dieser Haltung nur schwerlich aktiv anzugehen.
Weniger als 15 Punkte	Sie sind der typische Apokalypse-Angsthase, so wird das nichts mit aktiver Zukunftsarbeit. Vielleicht führt die Lektüre dieses Buches zu mehr Offenheit und Optimismus.

Abbildung 2b: Auswertung: Selbst-Check „Mentale Gelassenheit"

2.2 Immer beweglich bleiben – Schräge Ideen zur Denkgymnastik

Ein weiteres Hindernis für die effektive Beschäftigung mit der Zukunft ist Unbeweglichkeit. Von Unbeweglichkeit im Denken sprechen wir, wenn konsequent der eingezäunte Pfad weiterverfolgt wird, ohne nach links oder rechts zu sehen, wenn Branchenregeln unhinterfragt postuliert und weitergegeben werden.

Lassen wir die Fälle außen vor, wo individuelle Beweglichkeit im Denken generell nicht gegeben ist. Beschäftigen wir uns vielmehr mit den Fällen, den weitaus meisten, wo die Beweglichkeit im Laufe der Zeit abhandengekommen ist. Hauptursachen hierfür sind, so merkwürdig dies erst einmal Blick klingen mag, Expertentum und Erfolg: Die alten Hasen in einer Branche haben ihre Lektion gelernt. Sie wissen, wie die Branche tickt, nach welchen Regeln hergestellt, vermarktet und vertrieben werden muss. Diese Regeln sind Bestandteil der Branchenweisheit, die jeder verinnerlicht haben muss. Unterstützt und gestärkt wird die Branchenweisheit durch den Erfolg. Der Erfolg bestätigt, dass die Regeln und deren Befolgung richtig und vernünftig sind.

Nun soll hier nicht in Abrede gestellt werden, dass Kompetenz und Erfahrung wichtig und äußerst nutzbringend sind. Auch soll nicht behauptet werden, der Erfolg sei kein Maßstab zur Beurteilung von Handlungen. Es soll jedoch davor gewarnt werden, was Wissenschaftler als Kompetenz- bzw. Erfolgsfalle erkannt und bezeichnet haben.

Gemeint ist damit, dass in einer Art Endlosschleife immer wieder die gleichen Dinge gedacht und getan werden. Neue Ideen werden selten entwickelt und noch seltener ausprobiert. Dies kann lange gut gehen und tut es in vielen Fällen auch. Kommt es aber zu Veränderungen im Umfeld, und wir haben gezeigt, dass wir mitten in Turbulenzen stecken, dann verlieren die Branchenweisheiten an Wirksamkeit. In dieser Lage ist das Unternehmen ein Gefangener der eigenen erfolgreichen Vergangenheit. Nach neuen Wegen wurde lange Zeit nicht Ausschau gehalten, dies galt geradezu als unvernünftig. Und plötzlich ist es zu spät.

Wie aber kann man vermeiden, dass man früher oder später in der Kompetenz- bzw. Erfolgsfalle festsitzt? Hören wir auf Robert I. Sutton, den amerikanischen Management-Professor.

Professor Suttons Ratschlag

Vergessen Sie die Vergangenheit, versuchen Sie, Altbekanntes auf neue Weise zu sehen, und steigern Sie die Vielfalt an Ansichten, Stimmen und Ideen in Ihrem Unternehmen.

Klingt gut. Aber wie lässt sich dies im Unternehmensalltag bewerkstelligen? Wissen wir doch alle, wie hartnäckig und dominant die Vergangenheit häufig ist. Bisweilen arbeiten wir ja auch selbst daran, ihre Vorherrschaft zu verteidigen, wenn dies zu unserem Vorteil zu sein scheint. Robert I. Sutton hat hierfür seine „11 ½ schrägen Ideen, die funktionieren" entwickelt.

Die „Schrägen Ideen" sind durch Forschung und Erfolgsbeispiele gestützt. Aber Sutton formuliert sie durchaus mit ironischer Distanz. Wenn Sie die Ideen näher in Augenschein nehmen, wissen Sie auch warum. Er begreift seine Ideen als „Spielzeuge" zum Ausprobieren und Experimentieren, um die Beweglichkeit jenseits der konventionellen Branchenweisheiten zu gewährleisten.

Liste der „11 ½ Schrägen Ideen"

(1) Stellen Sie Arbeitskräfte ein, die den Firmenkodex nur langsam erlernen.

(1½) Stellen Sie Personen ein, die Ihnen unsympathisch sind.

(2) Stellen Sie Personen ein, die Sie (wahrscheinlich) nicht brauchen.

(3) Nutzen Sie Vorstellungsgespräche, um sich neue Ideen zu verschaffen, nicht, um Bewerber auszusieben.

(4) Ermuntern Sie Ihre Mitarbeiter dazu, Vorgesetzte und Kollegen zu ignorieren und herauszufordern.

(5) Stellen Sie ein paar „Frohnaturen" ein, und ermuntern Sie sie zu konstruktiven Konflikten.

(6) Belohnen Sie Erfolge und Misserfolge, bestrafen Sie Untätigkeit.

(7) Nehmen Sie sich etwas vor, das vermutlich scheitern wird, überzeugen Sie dann sich selbst und alle anderen, dass Sie mit Sicherheit Erfolg haben werden.

(8) Denken Sie sich etwas Lächerliches oder Unpraktisches aus, und planen Sie dann, es umzusetzen.

(9) Meiden, verwirren und langweilen Sie Kunden, Kritiker und alle, die nur über Geld sprechen wollen.

(10) Versuchen Sie nichts von Leuten zu lernen, die behaupten, sie hätten eine Lösung für Probleme gefunden, mit denen Sie konfrontiert sind.

(11) Vergessen Sie die Vergangenheit, insbesondere die Erfolge Ihres Unternehmens.

Auf den ersten Blick wirken die Ideen befremdlich. Widersprechen sie doch allem, was gemeinhin als gutes Management gilt. Wir geben zu, auch wir praktizieren oft genug das Altbewährte. Denken Sie nur an Regel 1 ½ „Stellen Sie Personen ein, die Ihnen unsympathisch sind". Auch wir haben bisher noch keinen eingestellt, den wir unsympathisch fanden. (Dies haben wir immer erst hinterher festgestellt.)

Bei näherer Betrachtung macht es aber durchaus Sinn, auf unsympathische Menschen zu setzen. Aus Erfahrung wissen wir nämlich, dass uns Menschen sympathisch sind, die große Ähnlichkeit mit uns aufweisen. Zudem umgeben wir uns gerne mit sympathischen, also uns ähnlichen Menschen. Die Folge davon ist, dass Abteilungen und ganze Unternehmen von Klonen bevölkert sind, die „vom gleichen Schlage wie wir sind". Wissenschaftler nennen das „homosoziale Reproduktion". In der Managementpraxis wurde dies lange Zeit als starke Unternehmenskultur gefördert. Die Folge davon ist nur, dass das Denken festgelegt und gleichgerichtet ist und Offenheit für neue Ideen nicht aufkommt. Die bringt erst der unsympathische und damit andere Mitarbeiter ein.

Prüfen Sie Ihre Beweglichkeit jenseits der konventionellen Branchen-Weisheit. Nutzen Sie dazu die in unserem Unternehmen entwickelte Checkliste, die intern und extern auf breiter Basis getestet wurde. Sind Sie eingefahren-gleichgerichtet, schräg oder irgendwo dazwischen?

Checkliste „Gedankliche Beweglichkeit"

Beweglichkeits-punkte	1	2	3	4	Gedankliche Beweglichkeit
Führung	Vorgesetzte geben immer die Richtung vor			Ich mache nur das, was ich interessant finde	
Arbeitsplatz	Aufgaben sollten klar definiert sein			Interessante Aufgaben suche ich mir selbst	
Kollegen im Arbeitsumfeld	Ich arbeite gern unter Meinesgleichen			Multi-Kulti am Arbeitsplatz ist erfrischend	
Arbeit im Projekt	Konsens mit Kollegen herstellen ist das Wichtigste			Widerspruch ist wichtig und führt zum Erfolg	
Arbeitsmentalität	Man muss auf das Ziel orientiert sein			Gute Laune ist wichtig	
Handlungsneigung	Lieber gar nichts machen als etwas falsches			Lieber etwas falsch als nichts machen	
Bewertungskriterien	Dinge sollten am Bewährten orientiert sein			Alles Neue bringt uns weiter	
Umsatz als Zielgröße	Am Ende muss der finanzielle Erfolg stehen			Ich will nicht immer an Umsatz denken	
Umgang mit Branchenweisheiten	Für viele Probleme gibt es bewährte Erfolgsrezepte			Misstraue jedem, der sofort eine Lösung anbietet	
Umgang mit Unternehmenserfolgen	Vergangene Erfolge zeigen den Weg in die Zukunft			Erfolge müssen immer neu und anders erarbeitet werden	
	Gedankliche Beweglichkeit gesamt (Zählen Sie Ihre Punkte zusammen)				

Abbildung 3a: Checkliste: Selbst-Check „Gedankliche Beweglichkeit" (Quelle: Deckers/Heinemann)

Auswertung

35 bis 40 Punkte	Sie sind ein bunter Hund, besonders beliebt sind Sie in Ihrem Unternehmen bestimmt nicht. Sie stellen alles in Frage und neigen dabei zum Aktionismus. Trotzdem können Sie Ihr Unternehmen voranbringen.
25 bis 34 Punkte	Sie finden eine gute Mischung, nicht allzu viel Aktionismus, aber eine genügend hohe Distanz zum Gestrigen.
15 bis 24 Punkte	Sie neigen zur Vorsicht und wollen nicht auffallen, denken Sie doch einmal quer und sagen Sie es auch.
Weniger als 15 Punkte	Sie sind der organisierte Abarbeiter ohne Ambitionen zu Größerem. Ihre Kollegen können ruhig schlafen.

Abbildung 3 b: Checkliste: Selbst-Check „Gedankliche Beweglichkeit" – Auswertung (Quelle: Deckers/Heinemann)

2.3 Aus dem Bauch und mit Verstand – Im Doppelpack ideal

Kommen wir nun zu einem weiteren Hindernis für die effektive Beschäftigung mit der Zukunft, nämlich der Schwierigkeit, Daten, Fakten und Prognosen einerseits, Unwissenheit, Unsicherheiten und Intuitionen andererseits in ein stimmiges Verhältnis zu bekommen.

Damit wir uns nicht falsch verstehen: Daten, Fakten und Statistiken sind für die Arbeit an der Zukunft unerlässlich. Unsere bisherigen Fallbeispiele haben sich stark auf Daten gestützt. Auch die Trends, die wir später noch darlegen werden, sind ohne Daten nur schwer ableitbar und begründbar. Die Zukunft zu analysieren und zu prognostizieren heißt vor allem, mit Daten und Fakten zu arbeiten.

Aber die Arbeit an der Zukunft ist keine Rechenaufgabe. Wer dies so sieht, wird nicht weit kommen. Einer der Autoren arbeitete als Markforscher in einem Versicherungskonzern, und dort in einer Abteilung für Statistik und Tarifentwicklung tätig. Seine Kollegen waren fast ausnahmslos Mathematiker, deren spezifischer Denkstil keine Unschärfen zuließ. Die Welt war digital und berechenbar. Aber die „echte" Welt ist dies nicht, vor allem nicht die zukünftige Welt.

Viel zu viele Unwägbarkeiten des Umfeldes spielen eine Rolle, je weiter in die Zukunft gedacht wird, desto mehr. Diese können auch nicht weggeforscht werden. Zudem können Trends in ihrer Relevanz für das Unternehmen unterschiedlich eingeschätzt werden. Zukunftschancen können gespürt werden, ohne dass dies bereits in Daten nachweisbar ist. Manch langjähriger Manager wischt die Marktstudie vom Tisch und beruft sich dabei auf sein Bauchgefühl.

Wie geht man damit um? Jack Welch, langjähriger Chef von General Electric und heute gefeierter Buchautor und Vortragsredner, rät in seinem Bestseller „Winning": „Hören Sie auf Ihren Bauch. Er spricht zu Ihnen." Die Meinung, man habe die Zukunft „im Gefühl", ist durchaus häufiger anzutreffen. Insbesondere langjährige Branchenkenner, die alten Hasen im Geschäft, behaupten, über einen sechsten Sinn zu verfügen, mit dem relevante Veränderungen frühzeitig erspürt würden. Man weiß halt, wie die Branche tickt.

Wir wollen nicht bestreiten, dass unser Bauch schon mal spricht. Aber sagt er gleich die Zukunft voraus? Gibt es das wirklich? Kann man um die Ecke fühlen, hinter der die nächste Innovation oder Branchenrevolution schon wartet? Fragen wir einen der führenden deutschen Hirnforscher, Professor Ernst Pöppel.

In seinen Forschungen stellt er fest, dass gute Entscheidungen immer auch aus dem Bauch heraus erfolgen. Manchmal, so seine Argumentation, weiß der Betreffende einfach, dass seine Entscheidung richtig ist, auch wenn er nicht angeben kann, was genau ihn gerade zu dieser Entscheidung bringt. Pöppel macht den Entscheidern im Wirtschaftsleben regelrecht Mut, ihrem Bauchgefühl zu folgen.

Erkenntnisse des Psychologieprofessors Gerd Gigerenzer, der sich eingehend mit dem Bauchgefühl beschäftigt hat, gehen in die gleiche Richtung. Sein Fazit lautet: Das Bauchgefühl, das sich auf nur einen Grund für eine Entscheidung stützt, ist häufig dann zutreffend, wenn die Zukunft ziemlich ungewiss ist und relevante Informationen beschränkt verfügbar sind.

Jack Welch hatte also gar nicht so Unrecht. Gerade in Zeiten zunehmender Umfelddynamik und Komplexität kann und soll auf die Intuition nicht gänzlich verzichtet werden. Gleichwohl wäre es fahrlässig, einzig auf seinen sechsten Sinn zu vertrauen, und zwar aus folgenden Gründen:

Es ist richtig, dass sich die Umfelder schneller und dynamischer wandeln. Dies macht die Welt unübersichtlicher und ungewisser. Es ist aber auch richtig, dass sich vieles in ruhigen Bahnen fortentwickelt oder gar in seiner herkömmlichen Form bestehen bleibt. Beispielsweise bleiben die Grundlagen des Geschäftslebens, nämlich verkaufen, kaufen, Gewinne erzielen, um zu überleben, ewig die gleichen. Wie John Naisbitt, einer der Großen der Zukunftsforschung, sagt: „Während vieles sich verändert, bleibt das meiste bestehen."

Zudem gibt es meist keinen Mangel an Information, im Gegenteil: Zukunftswissen ist inflationär und kaum noch überschaubar. Der Markt für Business-Ideen ist überfüllt. Allein in den USA erscheinen jedes Jahr etwa 3.500 Business-Bücher, etwa 30.000 sind auf Lager, wie die Management-Professoren Pfeffer und Sutton nachgeprüft haben. Das Googeln zum Stichwort „Neue Trends" erbringt allein in deutscher Sprache 315.000 Treffer (Datum: 29. 08. 2008). Das Problem ist viel eher, aus dieser Informationsfülle die wichtigen und relevanten Informationen zu filtern und nutzbringend einzusetzen.

Auf seinen Bauch zu hören, ist also auch weiterhin gut und richtig. Ein geplanter Umgang mit der Zukunft, das Analysieren von Daten und Fakten, das systematische Abwägen und Bewerten von Chancen, sind aber mindestens ebenso unerlässlich.

Aber wann ist Intuition, wann ist die Analyse das Richtige? Eine eindeutige Antwort gibt es hierauf nicht. Unsere Erfahrung zeigt vielmehr, dass ein gekonntes Wechselspiel ideal ist. Am Anfang steht oft die Intuition. Eine Wahrnehmung, dass sich unser Umfeld verändert hat, dass unsere Annahmen nicht mehr stimmen, ohne genau sagen zu können, wo und warum, kann die Arbeit an der Zukunft in Gang bringen. Dann aber muss die Analyse einsetzen, Trends im Umfeld sind zu sondieren, Chancen für das eigene Geschäft zu bewerten. Hier wird die Hauptarbeit an der Zukunft geleistet. Das Bauchgefühl darf dabei aber durchaus dazwischenreden. Denn definierte Prozessschritte, Meilensteine und Kennzahlen sind wichtig und hilfreich, sie sollen auch ernst genommen und befolgt werden. Letztlich können sie aber nicht alle Fragen klären und Chancen auch kaputtanalysieren. Ein Doppelpack ist also ideal.

Checkliste „Entscheidungsstil"

Punkte für den Entscheidungsstil	1	2	3	4	Entscheidungsstil
Wahlspruch	Erstmal genau analysieren			Machen! Ich habe ein gutes Gefühl!	
Informationsbasis	Daten, Fakten und Statistiken sind die Basis			Impressionen sind die Basis	
Informationsmenge	Je detaillierter, desto besser			Details stören und lenken ab	
Denkstil	Sachverhalte komplett durchdenken			Das Ganze erfassen	
Herstellen einer Entscheidung	Zusammentragen, abwägen und explizit begründen			Zusammenspiel von Intuition, Erfahrung und Faustregeln	
Auslöser für Entscheidungen	Erreichen der Entscheidungsreife			Gutes Gefühl als Auslöser	
Planungsansatz	Dinge werden definiert und durchgeplant			Versuchen wir es einfach mal!	
Durchführungsansatz	Prozess-Disziplin einhalten			Permanentes Experiment, Versuch und Irrtum	
Ablauf	Meilensteine und Deadlines sind gesetzt			Tempo! Tempo!	
Umgang mit Fehlschlägen	Unbedingt vermeiden			That's life!	
	Entscheidungsstil gesamt (Zählen Sie Ihre Punkte zusammen)				

Abbildung 4a: Checkliste: Selbst-Check „Entscheidungsstil" (Quelle: Deckers/Heinemann)

Auswertung

35 bis 40 Punkte	Sie sind Bauchredner, aber nur Bauch ist auch gefährlich, hören Sie auch einmal auf die Analysten.
25 bis 34 Punkte	Sie haben Bauchgfühl, aber Sie lassen sich auch durch klare Fakten überzeugen.
15 bis 24 Punkte	Sie ignorieren Ihr Bauchgefühl zu sehr, sein Sie einfach etwas mutiger und trauen Sie nicht nur den Zahlen.
Weniger als 15 Punkte	Sie sind Left Brainer, in die Analyse verliebt und glauben nur den Zahlen, das hemmt Sie bei der Zukunftsarbeit.

Abbildung 4b: Checkliste: Selbst-Check „Entscheidungsstil" (Quelle: Deckers/Heinemann)

Prüfen Sie nun, ob Sie Bauchredner sind, auf Daten und Fakten vertrauen oder beides gekonnt miteinander verbinden.

2.4 Welche Zukunftshaltung haben Sie?

Haben Sie unsere Checklisten zur Selbstprüfung ausgefüllt? Dann können Sie nun bestimmen, welche Zukunftshaltung Sie einnehmen. Zudem können Sie ersehen, ob und wieweit Sie von dem entfernt sind, was wir als Idealfeld ansehen.

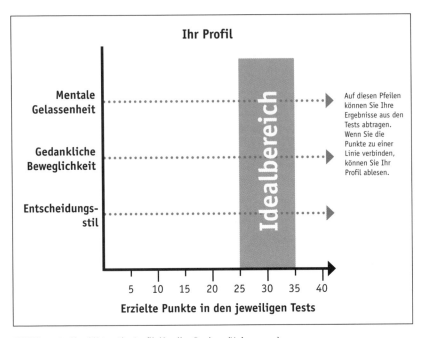

Abbildung 5: Checkliste: Ihr Profil (Quelle: Deckers/Heinemann)

3.
Sich das notwendige Zukunftswissen aneignen

Bislang haben wir aufgezeigt, dass die Beschäftigung mit der Zukunft erste Unternehmerpflicht ist. Wer nicht den direkten Weg auf den Unternehmensfriedhof gehen will, muss an seiner Zukunft arbeiten.

Das bedeutet zunächst einmal, dass die mentale Grundhaltung stimmen muss. Nicht nur im Fußball gilt die Weisheit, dass das Spiel im Kopf entschieden wird. Auch im Business ist die richtige Haltung entscheidend. Unter richtig verstehen wir hier, optimistisch und offen, realistisch und konstruktiv die Arbeit an der eigenen Zukunft aufzunehmen. Wenn Sie die Fragen im Selbst-Check ehrlich beantwortet haben, dann haben Sie vielleicht ein wenig mehr über sich selbst erfahren.

Aber Zukunftshaltung alleine reicht nicht. Optimismus ist schön und gut. Man muss aber auch über das notwendige Rüstzeug verfügen, um die Zukunftsarbeit nicht nur tatkräftig, sondern auch gekonnt anzupacken. Die Grundlagen dafür wollen wir nachfolgend vermitteln.

Beginnen wir mit der Basislektion Zukunft, die ein grundlegendes Verständnis davon vermittelt, was eigentlich ein Trend ist. Lesen Sie dazu das nächste Kapitel 3.1.

Es folgt ein Zukunfts-Schnellkurs, der drei Einheiten umfasst:
- Konsumenten-Trends (3.3.)
- Marketing-Trends (3.4.)
- Vertriebs-Trends (3.5.)

Mit diesem Zukunftswissen ausgestattet, wird Ihnen die Arbeit an der Zukunft leichter gemacht.

3.1 Basislektion Zukunft

a. Was ist eigentlich ein Trend?

„Trend" ist ein schillernder, vielschichtiger Begriff, er wird geradezu inflationär in unterschiedlichen Bedeutungen und Nuancen verwandt. Beginnen wir zunächst damit auszuschließen, was ein Trend alles nicht ist. Auf diesem Wege nähern wir uns dem Trend-Begriff.

Ein Trend ist zunächst einmal nicht eine bloß schicke Etikettierung von Phänomenen. Wie es bei Horx und Wippermann heißt: „Trends sind das, was man mit einem schmucken Namen benennen kann. Trendforschung ist ergo nichts anderes als Begriffsbildung." Bekanntestes Beispiel hierfür ist der Trend zum Cocooning, also zum Rückzug vor den Risiken der Außenwelt in die eigenen vier Wände, den die amerikanische Trendforscherin Faith Popcon vor einiger Zeit aus der Taufe gehoben hat. Der Trend-Begriff hat seitdem eine beachtliche Karriere gemacht. Ob es den Trend wirklich gibt oder mal gegeben hat, ist umstritten. Zumindest haben die Branchen, die eigentlich Nutznießer dieses Trends hätten sein müssen, denken Sie nur an die Möbelbranche, keinen unmittelbaren Cocooning-Boom erlebt.

Ein Trend ist auch nicht der ganz heiße Tipp, die noch nicht entdeckte Goldgrube. Einer der Autoren hat einmal eine Trendstudie für die Reifenbranche erstellt, die dann im Kreis von Unternehmern aus der Branche vorgestellt und diskutiert wurde. In einer Pause sprach ihn ein Unternehmer an und gab seiner Enttäuschung Ausdruck, dass er eigentlich schon alles gewusst habe, viel Neues sei nicht herausgekommen. Hat die Studie also wesentliche Trends übersehen, der Verfasser sein Ziel damit verfehlt? Wir sagen Nein. Zukunft ist nicht das Ungeahnte, das unerwartet um die Ecke kommt. Die Zukunft ist bereits da, ist Teil der Gegenwart, kündigt sich durch schwache Signale an oder ist bereits in mächtigen Veränderungsbewegungen wirksam. Die Beschreibung der Zukunft ist damit auch in gewisser Weise „überraschungsfrei", wie Herman Kahn und Anthony Wiener dies in ihrem Klassiker „Ihr werdet es erleben" formuliert haben. Was nicht bedeutet, dass keine Überraschungen zu erwarten sind, im Gegenteil. Hierzu wiederum Kahn und Wiener: „Jeder Tag kann eine neue Krise oder ein unerwartetes Ereignis heraufbeschwören, das zum historischen Wendepunkt wird."

Ein Trend beschreibt auch nicht die Welt in 20 oder mehr Jahren. Trends zu erkennen heißt nicht, die Zeitmaschine anzuwerfen, in deutlich späteren Jahrzehnten Halt zu machen und dann von neuartigen Robotern oder der massenhaften Besiedelung des Mars zu berichten.

Daraus können wir ableiten: Trends sind Veränderungsbewegungen in der Umwelt, die in der Gegenwart bereits wirksam und sichtbar sind und damit auch quantitativ abgeschätzt und qualitativ beschrieben werden können.

b. Welche Typen von Trends gibt es?
Dabei können wir je nach Geltungsbereich und Wirkungsdauer verschiedene Trend-Kategorien unterscheiden. Damit können sie von kurzfristigen oberflächlicheren Phänomenen wie Zeitgeist-Moden abgegrenzt werden.

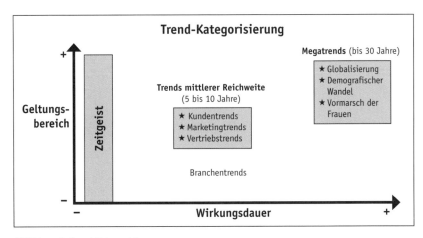

Abbildung 6: Trend-Kategorisierung

Fünf Trendarten werden nach Relevanz, Länge und Intensität unterschieden:

Metatrends sind Universaltrends, ein „umfassender allgemeinhistorischer Prozess", wie der Zukunftsforscher Alvin Toffler dies nennt, in dem alles andere sich entfaltet und organisiert. Metatrends finden Sie daher in obiger Darstellung nicht. Ein Beispiel ist der Trend zur Komplexität. Hierzu wiederum Alvin Toffler: „Der gesamte Evolutionsvorgang – vom Virus zum

Menschen – offenbart einen unaufhaltsamen Fortschritt zu immer höheren Stufen der Differenzierung. Es scheint sich um einen unwiderstehlichen Universaltrend zu handeln, der Einzellebewesen als auch Gesellschaften von einfachen zu immer stärker differenzierten Formen treibt."

Der Begriff des Megatrends wurde von einem Großen der Zukunftsforschung, nämlich von John Naisbitt, Anfang der Achtzigerjahre geprägt und populär gemacht. Gemeint sind hiermit Veränderungen, die mehrere Bedingungen erfüllen: sie sind langfristig, ihre Geltungsdauer beträgt mindestens 30 Jahre, sie sind tiefgreifend, ihre Auswirkungen sind in allen Lebensbereichen spürbar und sie sind universell, also auf dem ganzen Planeten nachweisbar, wenn auch in unterschiedlichem Ausmaß. Beispiele für Megatrends sind die viel diskutierte und analysierte Globalisierung, der demografische Wandel, sprich die Alterung der Gesellschaft, sowie der Vormarsch der Frauen in allen Lebensbereichen.

Soziokulturelle Trends beschreiben Befindlichkeiten in der Gesellschaft, also Lebensgefühle, Sehnsüchte, Wertewandel. Vielfach sind Defizite im Umfeld die Ursache für soziokulturelle Trends, die gewissermaßen einen Ausgleich zu Defiziten suchen. Die Geltungsdauer der soziokulturellen Trends beträgt mindestens zehn bis fünfzehn Jahre. Ein Beispiel ist der Trend zur ökologischen Orientierung.

Konsumententrends beschreiben generelle Veränderungen im Konsumentenverhalten. Die Geltungsdauer der Konsumententrends liegt bei fünf bis zehn Jahren. Ihr Geltungsbereich geht klar über einzelne Produkte oder Produktgattungen hinaus, sie sind übergeordnet, betreffen Technologien, Märkte, Konjunkturen. Ein Konsumententrend beschreibt demnach nicht einfach die verstärkte Nachfrage nach Hybrid-Fahrzeugen, sondern den zunehmenden Wunsch nach natürlichen verantwortungsbewussten Technologien und Produkten. Hintergrund des Konsumententrends ist ein „soziales Kernmotiv", wie Matthias Horx das nennt, also ein Bündel von Bedürfnissen, Sehnsüchten und Wünschen. Dieses Kernmotiv greift auf soziokulturelle Trends zurück und übersetzt sie gewissermaßen in die Konsumwelt. Der Wertewandel hin zu einem stärkeren ökologischen Bewusstsein wird in Konsumentenwünsche übersetzt und formt die Konsumlandschaft um. Beispielhaft zu nennen ist das gesamte Bio-Thema.

Unterhalb dieser Ebene sind **Marketing- und Vertriebstrends** anzusiedeln, also Trends, die die Vermarktung und den Vertrieb von Produkten und Services betreffen. Diese Trends sind dann zu beachten, wenn der Bogen vom Trend-Wissen zum Zukunftshandeln geschlagen werden soll, also aus den übergeordneten Trends, vom Mega-Trend bis zum Konsumententrend, Folgerungen für den Auftritt und das Agieren am Markt abzuleiten sind.

c. Lassen sich Trends überhaupt vorhersagen?

Viele Zukunftsforscher halten heutzutage den Ball eher flach. Von der prinzipiellen Unmöglichkeit, Prognosen über die Welt abzugeben, ist da die Rede. Die Chaostheorie wird als Zeuge dafür aufgerufen, dass jeglicher Versuch, gegenwärtigen Wandel zu verstehen, geschweige denn zukünftigen Wandel zu prognostizieren, von vorneherein zum Scheitern verurteilt ist. In dieser Lage könne man sich nur mit Annahmen behelfen, von denen man zwar nicht wisse, ob sie zutreffend seien, die aber als einzige Gehhilfe auf dem Weg in die Zukunft zur Verfügung stünden.

Wir sehen das nicht so. Sicherlich, die Zukunft ist ungewiss, zunehmende Komplexität und Turbulenzen im Umfeld machen Aussagen über die Zukunft auch nicht einfacher. Gleichwohl sind Prognosen durchaus möglich. Halten wir uns nicht mit berühmten Fehlprognosen auf, die als Beweis des Gegenteils gerne angeführt werden und denen ein billiger Lacherfolg immer gewiss ist, sondern prüfen wir nach.

Die World Future Society (WFS) hat ihre eigenen Prognosen auf den Prüfstand gestellt. In der Erstausgabe ihrer Zeitschrift, „The Futurist", aus dem Jahr 1967 wurden 60 Prognosen veröffentlicht. Im Jahr 1996, also 30 Jahre später, konnten davon 35 eindeutig und präzise bewertet werden. Das Ergebnis: Zwei Drittel der Prognosen sind als Treffer zu werten. *„Ein guter Punktestand"*, wie Edward Cornish, Präsident der Zukunftsvereinigung kommentiert. *„Jeder, der kontinuierlich zwei von drei Wetten in einem Kasino gewinnt, sprengt früher oder später die Bank."*

Nun könnte man einwenden, es sei Beweisführung in eigener Sache betrieben worden. Die World Future Society glaubt schließlich an die eigene Zukunft und will dies öffentlichkeitswirksam unter Beweis stellen. Stolze 25 Prognosen konnten immerhin überhaupt nicht bewertet werden. Genaue Daten und Eintrittszeitpunkte fehlten. Es konnte damit auch nicht nachgewiesen werden, dass die Prognosen falsch sind, räumt Cornish selber ein.

Befragen wir daher einen neutralen Beobachter, den Wissenschaftler Robert Cartmill, der 495 Voraussagen von 79 Prognostikern unter die Lupe genommen hat. Diese Voraussagen wurden um 1900 für das Jahr 2000 getroffen.

Jede Prognose hat nun einen Punktwert erhalten, +1 für eine zutreffende Prognose, –1 für eine falsche Prognose. Ist eine Vorhersage weder eindeutig richtig noch eindeutig falsch, bekommt die Prognose den Wert 0. Für 488 Prognosen war eine eindeutige Aussage möglich, davon waren 263 richtig, erhielten also den Wert +1, und 225 waren falsch, bekamen also den Wert –1. Zieht man eine Punktebilanz (Net Score), dann erhält man insgesamt den Wert +38.

Dies ist kein überragender Wert. Große Erfolge bei sehr langfristigen Prognosen können nicht nachgewiesen werden. Wir dürfen nicht vergessen, dass hier die Welt für den Prognosezeitraum von 100 Jahren vorhergesagt wurde. Zudem standen viele Instrumente des modernen Zukunftsforschers nicht zur Verfügung. Dazu gehören fundierte Statistiken und moderne Marktforschung.

Die Ergebnisse sind aber auch nicht negativ und mehr als bloßes Würfeln. Denn hätten die Prognostiker einfach eine Münze geworfen, ob die Prognose nun eintritt oder nicht, hätte der Nettowert rein statistisch bei 0 gelegen. Zudem sind die Erfolge je nach Kategorie, für die eine Prognose gemacht wurde, recht unterschiedlich. Prognosen im Bereich der Physik waren immerhin zu 72 Prozent korrekt und Prognosen im Bereich BWL und VWL noch zu 61 Prozent. Am schlechtesten waren die Chancen einer korrekten Vorhersage für die Kategorie Politik.

Analyse der Voraussagen				
Kategorie	Anzahl v. Voraus-sagen	Net Score	Prozent korrekt	Wahrscheinlichkeit einer korrekten Voraussage
Physik	90	40	72	gut
Biologie	48	−4	46	50/50
Politik u. Recht	89	−19	39	schlecht
BWL u. VWL	49	11	61	mittel
Soziale Lebenswelten	184	6	52	50/50
Kunst u. Unterhaltung	28	4	54	50/50
Alle Kategorien	488	38	54	mittel

Abbildung 7: Analyse der Voraussagen (Quelle: Cartmill, Robert H. (2002): The Next Hundred Years ... Then and Now. Xlibris Corporation.)

3.2 Zukunfts-Schnellkursus

Unser Schnellkursus behandelt im ersten Schritt ausgewählte Megatrends. Beantwortet werden soll, welche grundlegenden Entwicklungen in den nächsten 30 Jahren zu erwarten sind. Der nachfolgende Schwerpunkt liegt aber auf Trends mittlerer Reichweite. Diese zeigen, was in den nächsten fünf bis zehn Jahren auf uns zukommt. Kurzfristige Oberflächenphänomene bleiben außen vor. Diese überlassen wir lieber den Zeitgeistmagazinen.

Zudem konzentrieren wir uns auf Trends in den speziellen Feldern von Konsum, Marketing und Vertrieb. Wir können keinen weltumspannenden Zukunftsentwurf liefern. Ebenso wenig wollen wir in dieser Publikation für jede Branche die relevanten Trends durchdeklinieren.

Wie haben wir die Trends ausgewählt? In der Zukunftsforschung gibt es dafür den schönen und etwas euphemistischen Begriff des „Genius Forecasting". Experten wählen nach bestem Wissen und Gewissen sowie auf Basis ihrer Kompetenzen und Erfahrungen die relevanten Trends aus. So haben wir das auch gemacht. Durch Daten und Fakten sowie durch umfangreiche eigene Forschungen werden wir die Relevanz unserer Auswahl belegen. Fallbeispiele sollen den Trend konkret veranschaulichen.

In der folgenden Übersicht stellen wir Ihnen die Trends vor, die wir im Folgenden diskutieren werden.

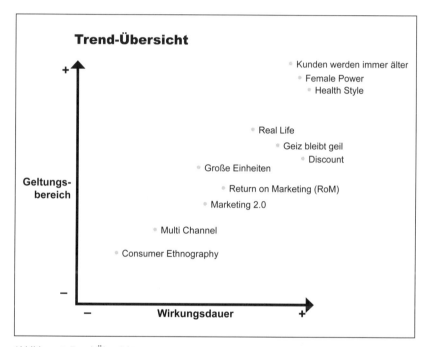

Abbildung 8: Trend-Übersicht

Jeden Trend, seine Erscheinungsformen, seine Ursachen und langfristigen Folgen beschreiben wir zunächst verbal. Zu jedem Trend haben wir zudem einen Trend-Steckbrief erstellt, der unsere Antworten auf folgende Fragen kompakt zusammenfasst.

1. Definition des Trends: Wie lässt sich der Trend auf einen Nenner bringen? Welcher Kategorie ist der Trend zuzuordnen? Handelt es sich um einen Megatrend? Oder ist der Trend weniger langfristig und weitreichend?
2. Treiber: Welche Faktoren verursachen oder begünstigen die Durchsetzung des Trends?
3. Cross-Impact: Gibt es Wechselwirkungen zwischen verschiedenen Trends?
4. Projektion: Was ist über die Durchsetzung des Trends in den nächsten Jahren zu sagen? Welche Folgen wird der Trend haben?
5. Fallbeispiel: Gibt es besonders plastische Beispiele?

3.3 Zukunfts-Schnellkursus I: Konsumenten-Trends

Beginnen wir unseren Schnellkursus mit den Konsumenten-Trends. Was kommt hier auf Sie zu? Was will der Kunde, Ihr Kunde heute und in zehn Jahren?

a. Graue Aussichten: Ihre Kunden werden immer älter

Beginnen wir unseren Zukunfts-Schnellkursus mit einem viel diskutierten Megatrend, nämlich der Überalterung der Gesellschaft. Die Alterung der deutschen Bevölkerung ist nicht neu. Bereits seit dem 19. Jahrhundert altert Deutschland. Besonders in den nächsten beiden Jahrzehnten wird es jedoch zu deutlichen Veränderungen kommen. Der Megatrend rückt daher zunehmend in den Fokus der öffentlichen Aufmerksamkeit.

Hier einige Fakten:

- Deutschland hat zu wenig Kinder: in Deutschland Frauen bekommen so wenig Kinder wie fast nirgendwo sonst in der Welt. Statistisch betrachtet sind 2,1 Kinder pro Frau notwendig, um die Bevölkerungszahl stabil zu halten. Dies wird aktuell bei Weitem nicht erreicht. Auch für die Zukunft ist keine Zunahme der Fertilitätsraten zu erwarten.

- Die Deutschen werden immer älter: Die durchschnittliche Lebenserwartung in Deutschland ist seit Beginn des 20. Jahrhunderts um mehr als 30 Jahre gestiegen. Derzeit liegt sie bei 82 Jahren für Frauen und bei 77 Jahren für Männer. Die Prognosen des Statistischen Bundesamts nehmen für das Jahr 2050 eine Lebenserwartung von 88 Jahren für Frauen bzw. 84 Jahren für Männer an.
- Der Anteil der Hochbetagten, gemeint sind damit Menschen über 80 Jahre, nimmt deutlich zu. Im Jahr 2006 waren 5 Prozent der Bevölkerung über 80. Bis zum Jahr 2030 wird sich der Anteil verdreifachen. Dann gäbe es genauso viele über 80-Jährige wie unter 20-Jährige in Deutschland.
- Die Alterung der Bevölkerung ist vor allem weiblich. Die Frauen lassen bei der Lebenserwartung allerdings etwas nach. Stress und zunehmende Berufstätigkeit fordern ihren Tribut. Aber auch 2050 stellen Frauen das Gros der älteren Generationen, insbesondere der Hochbetagten.
- Bei sinkenden Kinderzahlen und steigender Lebenserwartung muss die deutsche Bevölkerung überaltern: Vielfach ist von der sogenannten Bevölkerungspyramide die Rede, wenn die Altersstruktur in Deutschland beschrieben werden soll. Aus der Pyramide ist mittlerweile aber eine Art Pilz geworden. Der Altersschwerpunkt ist von einem breiten Basisfundament, das von den nachwachsenden jungen Generationen gebildet wurde, in die höheren Altersgruppen gewandert. Immer weniger jungen Menschen stehen immer mehr ältere Mitbürger gegenüber. Die Zahl der über 65-Jährigen wird von aktuell 16 Millionen auf über 22 Millionen im Jahr 2030 ansteigen, im Jahr 2050 werden es 23 Millionen sein. Heute kommen auf 100 Personen im Alter von 22 bis 64 Jahren 33 Personen, die 65 und älter sind. 2030 wird der Altersquotient pro Einhundert 55 betragen, 2050 gar bei 60 bis 64 liegen.

Wie ist die Entwicklung zu einer überalterten Gesellschaft nun zu erklären? Welche Faktoren bewirken die Dynamik im Alterungsprozess? Die Ursachen sind vielfältig:

- Verfügbarkeit von modernen Verhütungsmitteln. Die Einführung der Anti-Baby-Pille führte zum sogenannten Pillenknick und verstärkte den Geburtenrückgang seit den 1960er Jahren.

- Stärkere Beteiligung von Frauen am Berufsleben. Gerade qualifizierte Frauen wollen sich im Beruf beweisen und verwirklichen. Ein Kinderwunsch mag nach wie vor vorhanden sein, wird aber vielfach aufgeschoben oder eben ganz aufgegeben. Insbesondere Familien mit mehreren Kindern, die eine längere Auszeit erfordern, verschwinden dadurch zunehmend.
- Unterstützt wird dies durch einen Bewusstseinswandel, der die Selbstverwirklichung außerhalb der Familie bevorzugt.
- Fehlende staatliche Rahmenbedingungen: Die Familie wird zu wenig durch staatliche Angebote (finanzielle Anreize oder Kinderbetreuungsangebote) gefördert.
- Die Beziehung von Mann und Frau ist zunehmend weniger auf die lebenslange Ehe und auf ein traditionelles Familienbild ausgerichtet. Dies führt zu Planungsunsicherheiten.
- Angespannte Budgetlage der Haushalte: Die realen Nettoeinkommen der Haushalte sinken kontinuierlich. Auch gibt es verbreitete Unsicherheit, ob der eigene Arbeitsplatz erhalten bleibt und was zukünftig an Gehalt zu erwarten ist.
- Medizinisch-technischer Fortschritt erhöht die Lebenserwartung.

Wir können also festhalten: Ein Bündel von Faktoren wirkt zusammen und führt eine Überalterung der Bevölkerung herbei. Dieser Trend ist auch kurzfristig nicht aufzuhalten. Weder ein Geburtenanstieg noch eine verstärkte Zuwanderung können hier Abhilfe schaffen. Denn die Überalterung ist bereits im heutigen Altersaufbau der Bevölkerung angelegt. Entscheidend sind die geburtenstarken Jahrgänge der Baby Boom-Generation der Fünfziger- und Sechzigerjahre. Je älter die Baby Boomer werden, desto stärker beschleunigt sich der Alterungsprozess. Experten schätzen, dass um 2030 der Höhepunkt erreicht ist. Die Baby Boomer treten dann nämlich in das Rentenalter ein. Danach nimmt die Dynamik der Überalterung ab.

Wenn Sie also ein Geschäft betreiben, werden Sie es immer häufiger mit mobilen Grauhaarigen zu tun haben. In der aktuellen Diskussion werden sie meist mit fantasievollen Zielgruppenetiketten wie „Best Ager" oder „Silver Generation" versehen. Dabei wird zumindest implizit unterstellt, dass es ab einer bestimmten Altersstufe keine Unterschiede mehr gäbe. Dies ist natürlich nicht so. Es gibt Stimmen, die darauf hinweisen, dass in der Gruppe der Älteren die Heterogenität sogar wächst. Eine feinere Einteilung in Zielgruppen ist also ratsam, wir kommen später auf das Thema Segmentierung zurück.

Mit dieser Einschränkung im Hinterkopf lassen sich gleichwohl Tendenzaussagen treffen, die die Zielgruppe der älteren Verbraucher als besonders attraktiv erscheinen lassen.

Ältere Generationen

- verfügen über eine überdurchschnittliche Kaufkraft. Das Geldvermögen der Haushalte von über 50-Jährigen beträgt in Deutschland 730 Milliarden Euro. Dies entspricht fast zwei Drittel des Gesamtvermögens. Die Konsumausgaben der über 60-Jährigen, über 300 Milliarden Euro, entsprechen einem Drittel der gesamten Kaufkraft.
- sind konsumfreudig. Die Groschen werden nicht mehr ausschließlich für die nachfolgenden Generationen zusammengehalten. Die Sparquoten sinken und die Konsumausgaben legen zu.
- haben ein positives Selbstbild, sie fühlen sich jung und attraktiv. Die Mehrheit der 65- bis 74-Jährigen fühlt sich um zehn bis fünfzehn Jahre jünger. Das Attribut „alt" wird Menschen über 75 zugeordnet.
- wollen aktiv und mobil bleiben. Im Jahr 1999 haben 604 über 60-jährige Sportler am Berlin Marathon teilgenommen, im Jahr 2007 waren es mehr als doppelt so viele.
- sind Komfort-Kunden, sie sind anspruchsvoll, qualitätsbewusst und serviceorientiert, suchen individuelle Angebote und Lösungen.

Machen wir dies an einem Beispiel deutlich. Aktuell sind 10,56 Millionen Pkw auf ältere Personen über 59 Jahre zugelassen. In unseren aktuellen ABH-Studien haben wir die Wartungs- und Serviceaktivitäten älterer Pkw-Fahrer detailliert untersucht. Hier einige unserer Erkenntnisse:

Ältere Pkw-Fahrer tun viel für ihr Auto. Die Wartungs- und Pflegeaktivität ist hoch, wie die folgenden Zahlen belegen:

- Zunehmende Häufigkeit von Autowäschen mit steigendem Alter (über 59 Jahre: 12,8 Mal pro Jahr versus 11,9 Mal bei allen Pkw-Fahrern)

- Überdurchschnittlich häufige Nutzer von Waschanlagen (über 59 Jahre: 9,1 Mal pro Jahr versus 7,8 Mal bei allen Pkw-Fahrern)
- Häufige Kombination von Tanken und Waschen (über 59 Jahre: 16 Prozent versus 11 Prozent bei allen Pkw-Fahrern)
- Häufiger Ölwechsel nach Herstellervorgaben (über 59 Jahre: 88 Prozent versus 83 Prozent bei allen Pkw-Fahrern)

Ältere Pkw-Fahrer sind gerne bereit, mehr für ihr Auto auszugeben. Die Preisbereitschaft ist überdurchschnittlich, verglichen mit dem Durchschnitt aller Pkw-Fahrer:
- Tendenziell geringe Relevanz des Preises für Nachfüllöl (über 59 Jahre: 57 Prozent versus 66 Prozent bei allen Pkw-Fahrern)
- Tendenziell hohe Ablehnung von Sparstrategien beim Ölwechsel
- Stärker verbreitete Zahlungsbereitschaft für Tankwartservices (über 59 Jahre: 21 Prozent versus 13 Prozent bei allen Pkw-Fahrern)

Was die älteren Pkw-Fahrer zudem attraktiv macht, ist ihre hohe Bindungsneigung. Was sich bewährt, bei dem bleibt man, wie die folgenden Zahlen zeigen:
- Hohe Wiederwahlabsicht beim Öl (über 59 Jahre: 96 Prozent)
- Starke Bindung an eine Stammwaschanlage (über 59 Jahre: 79 Prozent)
- Stärkere Bindung an eine Stammtankstelle (über 59 Jahre: 70 Prozent)

Wer dieses Potenzial abschöpfen möchte, muss sich auf die Anforderungen der älteren Generationen einstellen. Für die gesamte Produkt-, Handels- und Dienstleistungslandschaft heißt das:

Standort: Handel und Dienstleister müssen zum Kunden kommen oder zumindest in die Nähe des Kunden rücken, denn der Kunde kommt nur in Ausnahmefällen zu ihnen.

Ladengestaltung: Die Ladengestaltung muss auf die Zielgruppe abgestimmt werden, auf körperliche Einschränkungen, aber vor allem auf deren Selbstverständnis und Serviceansprüche. Im Detail heißt das:

- Breitere Gänge
- Weniger Stolperstellen und mehr Rutschfestigkeit der Böden

- Augenfreundlichere Beleuchtung, Verzicht auf spiegelnde Flächen
- Einsatz größerer Schriften bei Leitsystemen, Preisschildern und Produktinformationen
- Präsentation der zielgruppenorientierten Produkte in Brusthöhe
- Bereitstellen von zielgruppengerechten Sitzmöglichkeiten
- Einrichten von Komfort-Zonen zum Ausruhen und Entspannen
- Einsatz von zielgruppenadäquatem Personal, dieses sollte etwas jünger als die Zielgruppe sein und Zeit für die Kommunikation mitbringen

Produkt und Sortiment: Bei klassischen Konsumgütern gibt es heute nur wenige Produkte, die auf ältere Verbraucher abgestimmt sind. Denken Sie nur an DVD-Recorder, die häufig auch von jungen Leuten nicht verstanden werden. Oder finden Sie in einem Telekommunikations-Shop ein Handy, welches nur über die absoluten Basisfunktionen verfügt und damit leicht bedienbar ist?

Diese Produkte werden kommen und es werden ganze Produktfamilien entstehen. Bei der Produktgestaltung wird es auch zukünftig eine deutlich stärkere Orientierung hin zur Anwenderfreundlichkeit, zu kleineren Verpackungseinheiten und besser lesbaren Schriften auf Verpackungen und Produkten geben.

Vor neuen Produktideen sollte man dabei nicht zurückschrecken. Dass ältere Verbraucher nur am Altbewährten festhalten und Neuheiten pauschal ablehnen, ist ein Mythos. Für einige Produktkategorien, beispielsweise Kleidung, trifft dies zu, für andere Produktkategorien, zu nennen sind Reisen, Kochen und Gesundheit, aber ganz und gar nicht.

Preispolitik: Der Preis stellt für viele ältere Menschen nicht das entscheidende Kriterium dar. Der ältere Kunde ist bereit, für überzeugende Angebote zu zahlen. Dies ist bei der Verkaufsargumentation und bei der Preiskalkulation zu berücksichtigen.

Werbung: Diese Zielgruppe kann werblich über fast alle Kanäle erreicht werden, auch über das Internet. Bei der werblichen Ansprache sind zwei Fallen zu umgehen. Die bekannte Werbeagentur McCann formuliert sie folgendermaßen:

- Zeige die Jugend und du bekommst auch die Alten!
- Zeige das Klischee der Alten und du bekommst sie!

Ältere Verbraucher werden in der Werbung meist ausgeklammert. Eine niederländische Studie ergab, dass von 1.000 TV-Spots nur 3 Prozent ältere Verbraucher über 50 Jahre abbilden. Im Bestreben, sich als junge Marke zu präsentieren, konzentriert man sich lieber auf junge Kunden.

Wenn denn ältere Verbraucher abgebildet werden, geschieht dies häufig in karikierender Absicht und mit spöttischem Unterton. Der ältere Verbraucher wird zur Witzfigur und Lachnummer für das junge Publikum.

Zudem wird oft der Fehler begangen, Senioren als Senioren anzusprechen. Genau dies wollen die aber nicht. Einer der Autoren bekam jüngst einen Prospekt in die Hände, der Hotels unter der Dachmarke „50+ Hotels" vereinte. Glauben Sie, dass die 50+ Generation, die sich deutlich jünger fühlt, hiervon angesprochen wird? Wir nicht. Vielleicht finden die über 80-Jährigen das Angebot attraktiv, die dann in der Hoffnung auf jüngere Gäste ein Zimmer im 50+ Hotel buchen.

Das heißt: Die älteren Verbraucher wollen umworben werden, aber entsprechend des gefühlten Alters und der aktuellen Interessenlage. Eine schwierige Gratwanderung, die nicht jeder beherrscht.

Aktuell wird viel darüber geredet, wie die attraktive Zielgruppe der älteren Verbraucher angesprochen und bedient werden soll. Viel getan wurde bislang aber nicht. Positive Beispiele finden sich im Kosmetikbereich bei Dove. Als positives Beispiel sind auch die öffentlich-rechtlichen Fernsehsender in Deutschland zu nennen, insbesondere das ZDF, ein Sender mit klarer Orientierung auf die älteren Zielgruppen. Hier wird in Kauf genommen, dass die jungen Zielgruppen zu den Privatsendern wechseln. Es gelingt eine extrem starke Bindung der über 55-Jährigen. Damit liegt ein klares Profil für die Werbewirtschaft vor.

In vielen Unternehmen kommt das Thema jedoch nur ab und an auf die Tagesordnung, vielleicht wird sogar ein Projektteam gebildet, ohne dass aber ernsthaft gehandelt wird. Hier finden wir ein typisches Beispiel für

In vielen Unternehmen kommt das Thema jedoch nur ab und an auf die Tagesordnung, vielleicht wird sogar ein Projektteam gebildet, ohne dass aber ernsthaft gehandelt wird. Hier finden wir ein typisches Beispiel für einen Knowing-Doing Gap, also eine Kluft zwischen Handeln und Wissen, vor. Der Relevanz des Themas stimmt verbal jeder zu, Anstrengungen unternehmen, gar noch Geld ausgeben, um sich ernsthaft auf ältere Verbraucher einzustellen, wollen viele dann nicht mehr. Wir kommen später noch darauf zu sprechen.

Trend-Steckbrief

Alterung der Gesellschaft	
Definition	Sinkende Kinderzahlen und steigende Lebenserwartung führen zu einer Überalterung der Gesellschaft.
Trend-Kategorie	Megatrend
Treiber	• Verfügbarkeit von Verhütungsmitteln • Stärkere Beteiligung von Frauen am Berufsleben • Bewusstseins-/Wertewandel • Fehlende staatliche Rahmenbedingungen • Umdefinition der Ehe/Paarbeziehung • Angespannte Budgets der Haushalte • Medizinisch-technischer Fortschritt
Cross-Impact	Female Power, Healthstyle, Authentizität
Projektion	Starke Dynamik bis 2030, danach Abflauen der Entwicklung
Folgen	• Aktive und mobile Bevölkerungsmehrheit • Hohe Kaufkraft und Konsumfreude • Hohe Ansprüche an Qualität und Service
Fallbeispiele	Dove, ZDF

b. Female Power: Zunehmende (Konsumenten-)Macht der Frauen

Der Einfluss der Frauen in Wirtschaft und Gesellschaft nimmt massiv zu. Sie erobern das Arbeitsleben, sind finanziell unabhängig und nehmen Kaufentscheidungen zunehmend selbst in die Hand. Der Kunde war König und ist heute und zukünftig Königin. Das englische Wirtschaftsmagazin Economist rät daher: Vergessen Sie China, Indien und das Internet, das zukünftige Wachstum kommt von Frauen.

Schauen wir uns dazu ein paar Daten und Fakten an:

- Frauen stellen aktuell etwas mehr als die Hälfte der deutschen Bevölkerung. Sie sind damit, wie der Management-Guru Tom Peters sagt, der Mehrheitsmarkt. Ihr zahlenmäßiges Übergewicht kommt vor allem in den höheren Altersgruppen zum Tragen, die ja, wie wir bereits gesehen haben, besonders attraktiv, weil vielfach kaufkräftig und konsumfreudig sind.
- Frauen haben Männer bei den Bildungsabschlüssen überholt. Mädchen machen häufiger Abitur, lesen mehr, überholen die Jungs bei den musischen Fertigkeiten. Jungen dagegen sind bei nicht gemachten Hausaufgaben führend. Hier liegen sie 4:1 vorne. Herzlichen Glückwunsch!
- Die Berufstätigkeit der Frauen steigt kontinuierlich. In den Achtzigerjahren waren 50 Prozent der Frauen im erwerbsfähigen Alter berufstätig, 1995 waren es 55 Prozent, aktuell sind es über 60 Prozent. Ein Ende der Entwicklung ist nicht abzusehen, wie ein Blick auf unsere europäischen Nachbarn zeigt, auf Dänemark, die Niederlande oder Schweden, wo die Erwerbsbeteiligung der Frauen deutlich höher ist.
- Die Nachfrage nach weiblicher Arbeitskraft wird steigen. Zum einen wegen der Überalterung der Gesellschaft, der es zukünftig an Arbeitskräften mangelt. Zum anderen aufgrund neuer Anforderungen, eines speziellen Mix an weichen Kompetenzen, sprich Offenheit, Kreativität, zwischenmenschliche Fähigkeiten, die die neue Arbeitswelt den in ihr Tätigen abverlangt.
- Die Karriereverläufe von Frauen und Männern sind bis zum 30sten Lebensjahr inzwischen nahezu identisch. Auch beim Einkommen haben Frauen aufgeholt. Junge Frauen verdienen nahezu gleich gut wie ihre männlichen Altersgenossen. Danach öffnet sich allerdings eine Schere in den Erwerbsverläufen.

- Frauen sind zunehmend auch leitend in Einkaufsabteilungen von Unternehmen tätig. Ihre Einkaufsmacht geht damit über das private Budget hinaus.

Frauen sind also in einer wirklich guten Startposition. Bemerkbar macht sich dies in praktisch allen Konsumkategorien, wo meist Frauen die Entscheidung treffen. „Frauen regieren!", sagt Tom Peters und belegt dies durch folgende Zahlen, die den Frauenanteil an allen Kaufentscheidungen wiedergeben. Die Zahlen wurden bereits vor einigen Jahren in den USA ermittelt:

- Einrichtung, Möbel: 94 Prozent
- Urlaub: 92 Prozent
- Hauskauf: 91 Prozent
- Arbeiten am und im Haus: 80 Prozent
- Neue Bankkonten: 89 Prozent
- Gesundheitsprodukte: 80 Prozent der Entscheidungen und zwei Drittel der Ausgaben
- Auto: 60 Prozent alleine (90 Prozent gemeinsam)
- Unterhaltungselektronik: 51 Prozent

Über alle Produktkategorien werden 83 Prozent aller Kaufentscheidungen von Frauen getroffen, errechnete Tom Peters.

Dabei erobern Frauen zunehmend männliches Stammterritorium. Auch die letzte Männerdomäne, der Fußball, scheint unter dem Ansturm der Female Power zu wackeln. Der Schauspieler Marcello Mastroianni soll einmal gesagt haben, der Widerstand der Frauen gegen Fußball gehöre ebenso wie der Anstoß zu den Grundregeln des Spiels. Heute lässt sich dies nicht mehr behaupten, der Fußball im Jahr 2008 ist (zumindest stark) weiblich.

Erstes Anzeichen, wohin die Reise geht, war das WM-Halbfinale 2006 zwischen Deutschland und Italien. Damals waren fast 30 Millionen Menschen vor den Fernsehgeräten. Fast 15 Millionen weibliche Fans schalteten ein und fieberten mit. Bei der EM 2008 lag der Frauenanteil bei den öffentlich-rechtlichen Übertragungen bei 44,8 Prozent.

Auch die Sport-Institutionen *Sportschau* und *Aktuelles Sportstudio* werden von Frauen intensiv verfolgt. 30 Prozent der *Sportschau*-Zuschauer (ARD) sind weiblich. Das *Aktuelle Sportstudio* (ZDF) schalten zu 40 Prozent Frauen ein. Dem tragen die Sender durch die Besetzung der Moderatoren-Posten auch Rechnung. Monica Lierhaus im Ersten und Katrin Müller-Hohenstein im Zweiten haben sich als Fußballkompetenzen etabliert.

Auch in die Fußball-Stadien gehen Frauen zunehmend. 40 Prozent der Besucher beim FSV Mainz 05 sind Frauen, beim SC Freiburg und beim VfL Wolfsburg sind es 35 Prozent, Borussia Dortmund zählt ein Viertel Besucherinnen. Im Durchschnitt ermittelte man 27 Prozent Frauen in den Bundesliga-Stadien, Tendenz steigend.

Nicht vergessen sollte man auch, dass Frauen nicht nur Zuschauer, sondern natürlich auch Akteure sind. Der deutsche Frauenfußball ist international äußerst erfolgreich und wird immer populärer.

Aber Frauen besetzen nicht nur männliche Domänen. Es kommt auch zum umgekehrten Effekt. Männer übernehmen Angebote aus ursprünglich weiblichen Sparten. Denken sie nur an die Kosmetikindustrie, die zunehmend Pflegeangebote für den Mann entwickelt. Denken Sie nur an Biotherme Homme. Das männliche Selbstverständnis hat sich gewandelt. Auch dies zeigt die Wirkung der Female Power.

Im Alltag von Verkauf und Service ist die Female Power aber häufig noch nicht angekommen. Ein Indiz hierfür liefert eine Google-Suche zum Stichwort „Der Kunde ist Königin", die nur magere 79 Treffer erbringt. „Der Kunde ist König" kommt dagegen auf 112.000 Treffer (Suche am 20.08.2008).

Female Power ist einfach nicht im Bewusstsein. Nehmen wir den Bereich der Auto-Werkstatt. Schätzungen besagen, dass 50 Prozent der Werkstattbesucher Frauen sind. Kundschaft heißt also in jedem zweiten Fall, dass eine Werkstattbesucherin auf den Hof fährt. Im Werkstatt-Alltag zeigt sich jedoch:

- Frauen fühlen sich häufig nicht ernst genommen,
- Frauen fühlen sich durch die Monteure herabgesetzt,

- Frauen fühlen sich wegen mangelnder Kenntnisse häufig übers Ohr gehauen,
- Frauen verspüren entsprechend Schwellenangst, eine Werkstatt überhaupt zu betreten.

Für diese unangenehmen Werkstatt-Erfahrungen zahlen sie zudem meist mehr als männliche Pkw-Fahrer. Unsere Studien zeigen, dass Frauen beim letzten Werkstattbesuch 469 Euro im Durchschnitt gezahlt haben, Männer dagegen nur 372 Euro. Für den Ölwechsel gaben Frauen durchschnittlich 13 Euro aus, die Männern nur 12,10 Euro. Dabei sind Ansatzpunkte für die Werkstatt, um aus dem kleinen Unterschied großes Kapital zu schlagen, durchaus vorhanden. Dazu zählen:

- Zuweisung eines persönlichen Ansprechpartners
- Erinnerungskarten des persönlichen Ansprechpartners zu Inspektion oder Reifenwechsel
- Erläuterung des kompletten Werkstattprozesses als Willlkommen-Standard
- Erläuterung zu Technik („Wie es funktioniert?"), Problemen („Was kann schief gehen?") und ihrer Lösung als Faltblatt oder Online-Lerntool
- Angebot von Technik- oder Pannenkursen
- Einrichten einer komfortablen Wartezone, mit Hintergrundmusik, Getränken und Zeitschriften (Nicht nur die abgegriffene Tageszeitung, Sport- und Autozeitschriften)

Wichtig ist dabei, mit der richtigen Haltung an die Chance, die eine zunehmende Female Power bietet, heranzugehen. Frauen sind nicht lediglich eine Nische oder spezielle Zielgruppe. Es verbietet sich daher, einfach nur Initiativen zum Frauenmarketing zu starten. Oder um bei unserem Werkstatt-Beispiel zu bleiben: Ausschließlich Frauenzeitschriften auszulegen oder Gutscheine für den Damenfriseur auszuteilen, ist definitiv nicht der richtige Weg.

Denn Frauen sind
- *der* Mehrheitsmarkt und
- *die* langfristige Perspektive. Wir erinnern uns, die Altersrevolution, die auf uns zukommt, ist überwiegend weiblich.

Erforderlich ist also, das Unternehmen, seine Positionierung, seine Prozesse und Strukturen sowie seine Marken und Leistungsangebote grundlegend zu überdenken und anzupassen.

Ein Erfolgsbeispiel ist das Franchisekonzept „Mrs.Sporty". Zielsetzung ist, Sport und gesunde Ernährung zum natürlichen Bestandteil im Leben von Frauen zu machen. (Der Trend zum Healthstyle, auf den wir später noch zu sprechen kommen, lässt bereits hier schon grüßen.) Dazu wurde mit verschiedenen Instituten für Sport und Ernährung das Mrs.Sporty Franchisekonzept entwickelt und in einem Pilotclub in Berlin zum ersten Mal potenziellen Kunden vorgestellt.

Die Resonanz war ermutigend. Im November 2004 wurde der erste Club eröffnet. Aktuell verfügt Mrs.Sporty allein in Deutschland über mehr als 160 Clubs und mehr als 40.000 Mitglieder. Mittlerweile ist Mrs.Sporty auch in der Schweiz, in Österreich und in Italien präsent. Zudem hat Mrs.Sporty mit Tennis-Ikone Steffi Graf einen äußerst prominenten Befürworter des Konzeptes gefunden. Ihr Name und ihr Konterfei ziert das aktuelle Mrs.Sporty-Buch.

Insgesamt also ein rasanter Aufstieg. Mrs.Sporty klettert in der Rangliste der 100 besten Franchise-Unternehmen Deutschlands um mehr als 50 Plätze nach oben. Aktuell wird es als eines der 20 besten von über 900 Franchise-Unternehmen in Deutschland geführt. 2006 wurde Mrs.Sporty als bester „Franchise-Newcomer des Jahres 2006" ausgezeichnet, 2007 in einer Branchenanalyse zum „sensationellen Aufsteiger des Jahres" gewählt.

Worauf ist der Erfolg zurückzuführen? Mrs.Sporty entspricht dem Wunsch vieler Frauen, auch in mittlerem und höherem Alter, am eigenen Körper zu arbeiten, die Vitalität zu steigern, Ausgeglichenheit und Lebensfreude zu fördern.

Dabei positioniert sich Mrs.Sporty als „Alternative zu herkömmlichen Fitnessangeboten". Das Konzept setzt auf den Wunsch der Frauen, bei einem nicht immer ganz freiwilligen Training der Figur, nicht permanent den Blicken von bodygebildeten Männern ausgesetzt zu sein. Frau ist unter sich, ohne dass dies im Auftritt allzu plakativ hervorgehoben wird.

Mrs.Sporty spricht Frauen an, ohne dass der werbliche Holzhammer geschwungen wird.

Die nachahmende Konkurrenz ist hier viel deutlicher. Die Angst vor dem Fitness-Studio wird explizit thematisiert. Weibliche Selbstzweifel, ob man zu alt, zu dick oder nicht chic genug sei, um ein Fitness-Studio aufzusuchen, werden ausführlich besprochen und zu widerlegen versucht. Das Zielgruppenetikett wird durch die werbliche Aussage „exklusiv für Frauen" deutlich sichtbar angebracht. Frausein wird dadurch aber auch zum Problemfall, dem in abgeschirmten Reservaten zu Leibe gerückt werden soll.

Trend-Steckbrief

Female Power	
Definition	Der Einfluss der Frauen in Wirtschaft und Gesellschaft nimmt massiv zu. Sie erobern das Arbeitsleben, sind finanziell unabhängig und nehmen Kaufentscheidungen zunehmend selbst in die Hand.
Trend-Kategorie	Megatrend
Treiber	• Quantitative Mehrheit der Bevölkerung • Das Alter ist vorwiegend weiblich • Zunehmend höhere Bildungsabschlüsse • Stärkere Beteiligung von Frauen am Berufsleben • Zunehmende Nachfrage nach weiblichen Skills • Angleichung der Karriereverläufe
Cross-Impact	Überalterung
Projektion	Frauen sind **der** Mehrheitsmarkt, Frauen sind **die** langfristige Perspektive
Folgen	• Die Mehrheit der Kaufentscheidungen sind weiblich • Frauen erobern Männerdomänen • Das männliche Selbstverständnis wandelt sich
Fallbeispiele	Mrs.Sporty

c. Healthstyle: Ausgeglichen, glücklich und gesund ins Leben

Gesundheit boomt. Immer mehr Menschen verspüren einen ausgeprägten Wunsch danach. Einer Studie zufolge sagen über 70 Prozent der Deutschen, Frauen etwas häufiger als Männer, Gesundheit gehöre für sie zu einem erfüllten Leben dazu. Fast alle Bevölkerungsgruppen möchten zunehmend etwas für ihre Gesundheit tun. (Ob sie es dann tatsächlich tun, ist natürlich eine andere Frage.)

Dabei wird Gesundheit neu definiert. Zunächst einmal ist Gesundheit nicht bloß ein körperlicher Zustand, dem man hilflos ausgesetzt ist. Wenn man Glück hat, bleibt man von Beeinträchtigungen und Schmerzen verschont. Wenn man Pech hat, brechen Krankheiten und Leiden herein. Gesundheit wird heute vielmehr als eine Ressource verstanden, die man benötigt, um sein Leben privat und beruflich aktiv und erfüllt gestalten zu können. Mit dieser Ressource muss man klug haushalten, man muss sie erhalten und möglichst steigern.

Gesundheit wird weiterhin als Konsumgut aufgefasst. Gesundheit kann man kaufen. Immer mehr Produkte und Services sind auf dem Markt, um die zentrale Lebensressource Gesundheit zu erhalten und um körperliches und seelisches Wohlbefinden zu steigern. Gesundheit wird dadurch zu einem Zustand, der machbar und herstellbar ist.

Schließlich umfasst Gesundheit neben dem Körper auch die Seele. Das Stichwort lautet hier Ganzheitlichkeit. Der ganze Mensch in all seinen Facetten ist gefragt und soll erhalten, gefördert und ausbalanciert werden.

Diese Neudefinition macht Gesundheit zu einem integralen Bestandteil des alltäglichen Lebensstils. Gesundheit bedeutet nicht, im Falle von Schmerzen zum Arzt zu laufen. Gesundheit wird zur Lebenseinstellung und prägt immer stärker den Lebensstil. Das Wort vom Healthstyle macht die Runde.

Was ist nun die Ursache für den Bedeutungszuwachs, den Gesundheit in den vergangenen Jahren erfahren hat? Was sind die Treiber für diesen Trend?

Als eine Ursache ist die Überalterung in den westlichen Gesellschaften zu nennen. Wir sprachen bereits darüber. Die Menschen leben immer länger und wollen bis in das hohe Alter hinein fit bleiben und investieren entsprechend in ihre Gesundheit. Die neuen Senioren wollen den Alterungsprozess aufhalten, Schönheitschirurgie und Kosmetik profitieren davon. Zudem suchen sie Unterstützung für nachlassende Funktionen, also Seh-, Hör- und Gehhilfen, Potenzmittel, aber auch ambulante Hilfe und Versorgung, um mobil und unabhängig zu bleiben. Gerade bei den ganz Alten, die Menschen leben ja immer länger, treten aber auch vermehrt altersbedingte Krankheitsbilder auf.

Dies spiegelt sich in den Gesundheitsausgaben wider. Ab dem 60. Lebensjahr nehmen die Ausgaben drastisch zu. Für einen 60-Jährigen werden pro Jahr durchschnittlich 1.700 Euro ausgegeben, für einen 70-Jährigen schon über 3.000 Euro. Danach kostet jedes Lebensjahrzehnt noch einmal 1.000 Euro zusätzlich pro Jahr.

Hinzu kommt die Zunahme von Zivilisationskrankheiten. Dazu zählt vor allem das Übergewicht. Nach einer Statistik der World Health Organization (WHO) sind die Deutschen die Schwergewichte in Europa. 35 Prozent der deutschen Frauen und über 50 Prozent der deutschen Männer sind übergewichtig (BMI 25 bis 30), 23 Prozent gelten jeweils als fettleibig (BMI über 30). Insgesamt bringen damit fast 60 Prozent der Frauen und gut 75 Prozent der Männer zu viel Gewicht auf die Waage. Dies hat gesundheitliche Konsequenzen. Herzinfarkte und Schlaganfälle, bereits Nummer eins der Todesursachen weltweit, werden zunehmen. Ebenfalls Diabetes, das in den nächsten zehn Jahren um mehr als 50 Prozent zunehmen und sich damit zu einer regelrechten Epidemie entwickeln wird. Zunehmen werden auch verschiedene Arten von Krebserkrankungen.

Eine weitere Ursache für den Gesundheitsboom sind Ängste und Phobien, für die die Deutschen ja besonders anfällig sind. Immer neue Gesundheitsgefahren werden entdeckt und medial angeheizt, von BSE und Gammelfleisch, über Belastungen durch Feinstaub bis hin zum neuen Risiko, dem Uran im Trinkwasser. Die „German Angst" vor potenziellen Gefahren hält das Thema Gesundheit oben auf der Tagesordnung.

Weiterhin sind staatliche Regulierungen zu nennen. Ein Beispiel hierfür sind staatliche Maßnahmen gegen das Rauchen, also Werbeverbote, Erhöhung der Zigarettenpreise und neuerdings der Versuch, ein Rauchverbot durchzusetzen. Auch wenn das Rauchverbot noch heiß umstritten und in (fast) jeder Eckkneipe unterlaufen wird, die öffentliche Diskussion macht Druck, sich gesundheitsbewusster zu verhalten. Ein weiteres Beispiel ist der Gouverneur Schwarzenegger, der fettem Essen den gesetzlichen Kampf angesagt hat. Auch wenn die Reaktion darauf bislang eher verhalten war, wird sich dies auch in Deutschland durchsetzen.

Schließlich treiben auch Fortschritte in der biomedizinischen Forschung den Gesundheitsboom weiter an. Gentechnik und Stammzellenforschung bieten enorme Potenziale, auch wenn dies in Deutschland nur bedingt so gesehen wird. Erkrankungen, die bislang nicht diagnostiziert oder nicht behandelt werden konnten, bekommt man nun medizinisch besser in den Griff. Diagnose- und Behandlungsmethoden werden komfortabler, was die Nachfrage und deren Einsatz erhöht. Schließlich ist das Risiko dabei, eine Krankheit zu behandeln, in vielen Fällen zurückgegangen. Die Bereitschaft, sich einem auch komplexen Eingriff zu unterziehen, wächst damit.

Welche Folgen hat dies alles aber nun für den Gesundheitsmarkt insgesamt? In der Vergangenheit sind die Gesundheitsausgaben stärker gewachsen als die Gesamtwirtschaft. Nach Angaben von Roland Berger wuchs das Bruttoinlandsprodukt zwischen 1992 und 2002 um 2,7 Prozent pro Jahr. Die Gesundheitsausgaben sind im gleichen Zeitraum um 3,7 Prozent gewachsen. Und das Wachstum wird sich fortsetzen. Die Berater von Roland Berger errechneten, dass der Gesundheitsmarkt im Jahr 2003 insgesamt 260 Milliarden Euro betrug. Für das Jahr 2020 wird ein Volumen um 450 Milliarden Euro geschätzt. Der Markt wächst also kräftig um mindestens 70 Prozent.

Der Großteil wird im Rahmen der Krankenversicherung ausgegeben, 136 Milliarden durch die gesetzlichen und 19 Milliarden durch die privaten Krankenkassen. Dies wird auch zukünftig so sein, sodass weitere Beitragssteigerungen zu erwarten sind. Gleichwohl gibt es Grenzen. Der Faktor Arbeit kann nicht unbegrenzt belastet werden. Die weitere Marktentwicklung wird daher davon abhängen, die individuelle Nachfrage nach Gesundheit zu aktivieren.

Bislang zeigen sich hier positive Tendenzen. Der sogenannte zweite Gesundheitsmarkt, wo Ausgaben zusätzlich privat finanziert werden müssen, wächst weiter. Seit 2000 sind die privaten Gesundheitsausgaben jährlich um 6 Prozent gestiegen. Aktuell gibt jeder Erwachsene durchschnittlich 900 Euro im Jahr auf dem zweiten Gesundheitsmarkt aus. Der zweite Gesundheitsmarkt verfügt damit über ein Volumen von 60 Milliarden Euro. Weitere 16 Milliarden Euro würden gesundheitsbewusste Deutsche gerne ausgeben, wenn entsprechende Angebote verfügbar wären. Das Volumen könnte also bereits heute bei 76 Milliarden Euro liegen.

Neue und innovative Angebote sind auch in Zukunft gefragt. Nach Schätzungen wird der Gesundheitstourismus von 2003 bis 2010 um 75 Prozent wachsen auf 3,7 Milliarden Euro. Functional Food wird im gleichen Zeitraum um 53 Prozent zunehmen, auf 1,4 Milliarden Euro.

Das Angebotsspektrum wird breiter und umfasst zunehmend:
- Informationsangebote: Bücher, Ratgeber, Zeitschriften, Gesundheits-TV oder das Gesundheits-Kino, das gesundheitsrelevante Themen in unterhaltsamen Filmen vermittelt
- Gesellschaftsorientierte Angebote: Kreuzfahrt auf einem Gesundheitsschiff oder die Health Disco, die Tanz und Bewegung in Gemeinschaft anbietet
- Umfeldangebote: Architekten gestalten Healing Environments, also Wohnumgebungen, die Temperatur und Luftfeuchtigkeit individuell regeln, die über antiallergene Teppiche und über Bäder mit Fitness- und Wellness-Komponenten verfügen
- Ernährungsangebote: Sportgetränke, Vitamine, Nahrungsergänzung, Kalziumpräparate, Fitnessriegel
- Arbeiten am Körper: Gesundheits-Check, Fitness, Sport, Personal Trainer, Wellness
- Anti-Aging-Angebote: Botox, kosmetische Chirurgie, Viagra & Co.
- Arbeiten am Gleichgewicht: Psycho-Coaching, Work-Life-Balance, Meditation und Yoga
- Suchtbekämpfung, insbesondere Raucherentwöhnung

Der Unternehmensberater Gunnar Grieger aus Hamburg wagt auch einen Blick in die Berufswelt und erteilt folgenden Ratschlag: *„Im Jahr 2020 werden mehr als 50 Prozent der Arbeitnehmer über 50 Jahre alt sein. Wenn jetzt nicht begonnen wird, Sport zu treiben und auf gesunde Ernährung umgestellt wird, sind in 12 Jahren finanzielle Einbußen hinzunehmen. Ferner fehlen junge Talente und man ist auf die Arbeitnehmer 50+ angewiesen: Besser jetzt in Gesundheit investieren als in 12 Jahren in die Krankheit! Firmenprogramme für Fitness sind ein Muss. Ein Ansatz ist die Reaktivierung von Betriebssportgruppen, die als Sparmaßnahmen in den letzten 15 Jahren eingestampft wurden, aber auch Ernährungs-Coachings."*

Damit kommen neue Anbieter auf den erweiterten Gesundheitsmarkt und spielen eine wichtige Rolle, seien es Lebensmittelhersteller, Touristikanbieter oder der Einzelhandel. Für sie alle heißt die Antwort auf die klassische Frage, die Theodore Levitt in den Sechzigerjahren stellte, nämlich „In welchem Business sind Sie tätig?", im Gesundheitsbusiness sind wir tätig.

Die etablierten Anbieter des ersten Gesundheitsmarktes bekommen dadurch Konkurrenz. Sie können aber auch profitieren, denn sie bringen die nötige Kompetenz und den notwendigen Vertrauensvorschuss mit. Erforderlich ist der Wille zum Wandel.

Für den Arzt bedeutet das, nicht einfach nur den Rezeptblock zu zücken und Pillen aufzuschreiben. Der Arzt wird stärker zum Berater und Coach, der hilft, die individuelle Gesundheit seiner Patienten zu erhalten und zu steigern. Dabei wird verstärkt eine Kombination der Schulmedizin mit alternativen Heilmethoden, etwa mit Akupunktur und Homöopathie, gewünscht. Seit 2006 gehört Akupunktur auch zur Regelleistung der gesetzlichen Krankenkassen.

Weiterhin ist über neue Formen nachzudenken, ärztliche und natürlich auch sonstige gesundheitsrelevante Leistungen an den gesundheitsbewussten Deutschen zu bringen. Eine derzeit in Deutschland noch visionäre Möglichkeit sind Walk In-Kliniken, die der Handelsgigant Wal-Mart in den USA betreibt und die schnelle Behandlung ohne Voranmeldung ermöglichen. Wal-Mart hat angekündigt, in den nächsten zwei Jahren rund 400 Walk In-Kliniken in amerikanischen Einkaufszentren einzurichten.

Weitere Vertriebsformen werden prognostiziert, vom Life Coach-Drive-In, das schnellen Rat bei alltäglichen Lebensproblemen bietet, bis hin zum Schmerzen-Boxenstopp, der schnelle und fachmännische Schmerzbehandlung verspricht.

Eine weitere Möglichkeit ist die virtuelle Sprechstunde, also der Online-Kontakt von Arzt und Patient. Dabei finden die Patienten auf der Homepage des Arztes einen Link, der auf die virtuelle Sprechstunde hinweist. Auf einer geschützten Seite soll der allgemeine Gesundheitszustand beschrieben werden. Aus einer Liste mit den häufigsten Beschwerden kann der Patient dann sein Leiden anklicken. Wer will, kann auch Bilder, Blutdruckprotokolle oder sogar eine Audiodatei mit dem eigenen Husten als E-Mail-Anhang mitschicken.

Sicherlich können über das Web keine Diagnosen erstellt werden. Dafür muss der Patienten nach wie vor persönlich in der Praxis erscheinen. Gleichwohl könnten virtuelle Sprechstunden durchaus einen Platz in der Behandlungs-Landschaft einnehmen. Wenn ein Patient schon lange zum selben Arzt geht und der Arzt die Krankengeschichte gut kennt, könnte die virtuelle Sprechstunde eine sinnvolle Ergänzung zum herkömmlichen Arztbesuch sein.

Auch die gute alte Apotheke, in Deutschland in seiner herkömmlichen Struktur noch stark geschützt, wird sich wandeln müssen. Erste Entwicklungen zeigen, wohin die Reise geht.

Die Ausgabe von Medikamenten kann auch von anderen Vertriebskanälen als der stationären Apotheke besorgt werden. Die Online-Apotheke Doc-Morris erhält durch den Einstieg des Pharmagroßhändlers Celsio neuen Schub. Auch die Drogeriekette dm und aktuell auch Schlecker betreiben seit kurzem das Geschäft des Medikamentenvertriebs. In etwa 80 dm-Filialen können Kunden ihre Medikamente bestellen. Dazu geben sie ihre Bestellung über einen Bildschirm ein. Spätestens nach 72 Stunden liegt das Medikament zum Abholen bereit oder wird direkt nach Hause geliefert. Und weitere Konkurrenten stehen bereit. So der amerikanische Arzneimittel-Versender Medco, der sich in die niederländische Europa Apotheek eingekauft hat, um dann von Venlo, dem Sitz der Europa Apoteek, aus loszulegen.

Die Funktion als reine Rezeptannahmestelle wird der Apotheke zukünftig immer mehr streitig gemacht werden. Die Apotheke wird neue Felder besetzen müssen. Und die Ausgangslage dafür ist günstig. Die Apotheke genießt Vertrauen und wird als Beratungsinstanz für kleinere Beschwerden immer häufiger in Anspruch genommen. Einer Studie zufolge sagen 65 Prozent der Deutschen über 16 Jahre, dass sie die Apotheke für Beratung aufgesucht haben. 2003 waren es noch 56 Prozent. Die Beratung muss sich dabei auf die ganze Breite des neu abgesteckten Gesundheitsfeldes erstrecken.

Das Thema Gesundheit ist in Deutschland stark reglementiert. Zudem besteht ein nahezu hundertprozentiger Versicherungsgrad. Wie uns ein nachfolgend noch dokumentierter Zukunfts-Workshop mit Krankenhaus-Managern gezeigt hat, sind viele der dargestellten Zukunftsentwicklungen noch visionär. Die Branche bewegt sich derzeit noch in den gegebenen Strukturen.

Trend-Steckbrief

Healthstyle	
Definition	Zunehmender Wunsch nach einem gesunden und ausgeglichenen Leben
Trend-Kategorie	Megatrend
Treiber	• Überalterung der Gesellschaft • Zunahme von Zivilisationskrankheiten • Ängste und Phobien • Staatliche Regulierungen • Fortschritte in der biomedizinischen Forschung • Neudefinition von Gesundheit als Ressource • Gesundheit wird zum Konsumgut
Cross-Impact	Überalterung, Female Power
Projektion	Dynamische Marktentwicklung, insbesondere auf dem zweiten Gesundheitsmarkt

Folgen	• Breites Spektrum an Gesundheitsangeboten
	• Neue Gesundheitsanbieter und zunehmende Konkurrenz
	• Neue Rollendefinition der etablierten Anbieter
	• Neue Vertriebswege
Fallbeispiele	Walk-In Klinik bei Wal-Mart

d. Real Life: Der Wunsch nach Authentizität

Real Life ist ein Begriff aus der Gemeinschaft der Internet-Nutzer. Gemeint ist, das Leben außerhalb der virtuellen Welt, also wenn man mitten im Computerspiel steckt und Mutti an der Zimmertür klopft und zum Mittagessen ruft. Unter die Überschrift Real Life lässt sich aber auch ein verbreitetes Gefühl fassen, in einer unechten Welt, voller Heuchelei, Korruption und falscher Werbeversprechen, zu leben. Daraus entsteht der Wunsch nach dem Echten, dem Authentischen. „The appeal of the real" macht sich bemerkbar.

Denken Sie nur einmal an Ihren Supermarkt. Dort werden sie massenhaft Produktangebote finden, die dem Wunsch nach Echtem, Originalem entsprechen. Für eine Bestandsaufnahme hat einer der Autoren seinen Schreibtisch verlassen und seinen Supermarkt direkt gegenüber aufgesucht. Beim Streifen durch die Regalreihen hat er „authentische" Produktangebote notiert. Hier ein Auszug:

- Cornflakes – *Die Originalen*,
- verschiedene Chips-Angebote, und zwar *Naturals*, die „*unverfälschten* Genuss" mit „*rein natürlich*en Zutaten" versprechen, oder „*original* salted",
- verschiedene Pizza-Variationen, und zwar *Original* Wagner oder *Original* Piccolinis,
- Fruchtsäfte in kleinen Trinkfläschchen, die auf den Namen *Innocent* oder *True* Fruits hören,
- Marmelade, die unter *naturrein* oder als Die *Echte* firmiert,

- *echt* deutscher Honig oder alternativ kanadischer Honig, der in den weiten offenen Prärien Kanadas geerntet wurde, oder doch lieber Honig, der auf den Namen Waldtracht hört und dessen Glas der schöne Begleitsatz ziert „An warmen Sommertagen sammeln die Bienen den Honigtau von den Waldbäumen",
- *originaler, naturbrauner* Kaffeefilter, Espresso con gusto *originale*,
- verschiedene Bonbon-Angebote, nämlich Ricola Kräuter *Original*, Sallos *Original*, Werther's *Original*, Riesen mit *original* Gavoa Kakaomischung, *original* Sahne Muh-Muhs, „in Handarbeit geschnitten und gewickelt".

Die Liste lässt sich fortsetzen, vom *echten* Räucherlachs bis hin zum Flaschenbier Mönchshof *Original*. Gekauft hat der Autor übrigens eine Originalvariante Chips und original luftgetrocknete Minisalami.

Der Trend zur Authentizität ist also mitten in unserem Alltag angekommen, auch wenn wir dies nicht immer bemerken. Wie aber äußert sich der Trend zur Authentizität? Welche Facetten, Erscheinungsformen bestehen? Fragen wir die Autoren James H. Gilmore und B. Joseph Pine, die eine umfassende Untersuchung zu diesem Thema vorgelegt haben und auf die wir uns im Folgenden stützen wollen. Nach ihren Erkenntnissen lassen sich fünf (Angebots-)Formen von Authentizität und entsprechende Prinzipien unterscheiden:

Natürliche Authentizität
Als authentisch werden solche Dinge wahrgenommen, die sich im natürlichen Zustand befinden, noch in der Erde blühen oder direkt aus der Erde geholt wurden, ohne dass menschliche Hände daran etwas geändert, soll heißen verfälscht haben. Authentisch ist hier das Gegenteil von künstlich, synthetisch.

Prinzipien der Authentizität sind:
- Betonung von Rohmaterialien
- Belassen im Rohzustand
- Rustikal auftreten statt ausgetüftelt und hochkomplex
- Nackt, bloß auftreten statt überladen und hyperfunktional
- Grün auftreten und helfen, die natürliche Welt zu erhalten

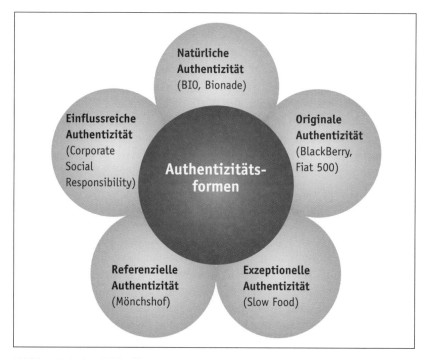

Abbildung 9: Authentizitäts-Blume

Paradebeispiel für Angebote, die auf natürliche Authentizität setzen, sind Bio-Produkte. Hierzu zunächst ein paar Daten und Fakten. Im Jahr 2007 haben die Deutschen fast 5 Milliarden Euro für Bioprodukte ausgegeben. Rund drei Viertel der Konsumenten kennen bereits Bioprodukte, und jeder Dritte hat beim Einkauf erst kürzlich danach gegriffen, vor allem nach frischem Obst und Gemüse, aber auch nach Molkereiprodukten sowie nach Geflügel und Eiern aus Bio-Erzeugung. Damit ist Bio in der Mitte der Gesellschaft angekommen.

Angetrieben wird das Bio-Wachstum durch Supermärkte, die auf das Bio-Sortiment setzen, seien es reine Öko-Supermärkte oder konventionelle Supermärkte, die sich über das Thema Frische positionieren. Vor allem aber sind es die Discounter, die Bio als Wachstumssegment entdeckt haben. Der Discounter Lidl vertrieb sogar das Greenpeace-Magazin in seinen Filialen, um seiner Bio-Kompetenz mehr Glaubwürdigkeit zu verleihen. Der versuchte Einstieg bei der Bio-Kette Basic wurde von aufgebrachten Öko-Aktivisten allerdings verhindert.

Auch McDonald´s hat das Thema Bio für sich entdeckt. Seit Jahren geht dort Bio-Milch über den Tresen, seit 2007 auch Bionade, eine Kräuterlimonade aus einer unterfränkischen Familienbrauerei. Überhaupt hat Bionade eine große Erfolgsgeschichte hingelegt, deren Ende noch längst nicht abzusehen ist. Bionade ist einfach chic. Die Frankfurter Allgemeine Sonntagszeitung sprach gar von der Bionadisierung der Gesellschaft.

Wie ist die Bio-Euphorie nun zu erklären? Hauptursache ist, dass Bio natürliche Authentizität bietet. Bio steht für das Wahre, Schöne und Gute in dieser ach so kaputten und verdorbenen Welt. Bio bedeutet Naturreinheit ohne menschliche Eingriffe und Chemiekeule. Der Biobauer arbeitet in Harmonie mit den natürlichen Kreisläufen von Pflanzen und Tieren. Auf Kunstdünger und bestimmte Pflanzenschutzmittel wird verzichtet. Zur Bekämpfung von Schädlingen und Unkraut werden zwar auch Giftstoffe eingesetzt, die aber nicht aus den Laboren der Chemieindustrie kommen, also synthetisch erzeugt sind. Aus Sicht der Verbraucher dürfen die Tiere in freier Natur herumlaufen und ihr natürliches Verhalten ausleben, sie dürfen glücklich sein, bis der Schlachter anrückt.

Der Kunde ist zufrieden: Er darf ein gutes Gewissen haben und gleichzeitig mit Genuss in den Bio-Apfel beißen, der noch ein „echter" Apfel ist. Glaubt er zumindest. Denn entscheidend ist das Gefühl, auf natürliche authentische Produkte zu setzen. Durch die Fakten ist der Bio-Bonus nämlich nicht gedeckt, wie die Publizisten Maxeiner und Miersch in ihrer aktuellen Publikation zur Biokost zeigen. Vorteile beim Nährstoffgehalt bestehen nicht. Ebenso wenig beim Geschmack, wie Blind-Verkostungen von Bio-Produkten und konventioneller Ware nachweisen. Der Geschmacksvorsprung besteht nur dann, wenn das Etikett Bio auf die Ware geklebt wird. Die Vorteile von „echt Bio" bestehen also vor allem im Kopf – und natürlich in der Kasse von Produzenten und Handel.

Originale Authentizität
Als original authentisch werden Dinge wahrgenommen, die ein originelles Design aufweisen, die ersten ihrer Gattung sind. Authentisch ist hier das Gegenteil von Kopie, Imitation.

Prinzipien der Authentizität sind:
- Betonung der Anfänge
- Wiederbelebung der Vergangenheit (Marke, Slogan, Werbung, Material)
- Alt aussehen
- Kombinieren und Zusammenbringen zu etwas Einzigartigem
- Anti-Haltung gegen konventionelle Normen

Mit originaler Authentizität punkten alte Marken, die über eine lange Tradition verfügen oder die Produktkategorien und ganze Branchen erst begründet haben. Alle Marken, die auf die Anfänge ihrer Geschäftstätigkeit verweisen, steigern dadurch ihre Authentizität. Es finden sich dann Slogans und Formulierungen wie „seit 1830", „seit über 150 Jahren", „1895 gegründet" usw. Entsprechend lohnenswert ist auch die Wiederbelebung solcher Marken. Warum wohl hat die chinesische Nanjing Automobile Group die alterwürdige Automobilmarke MG erworben? Und warum hat der indische Autobauer Tata Motors die Traditionsmarken Jaguar und Land Rover übernommen? Ganz einfach, um mit der Aura des Echten und Authentischen, das sie umgibt, Geschäfte zu machen.

Retro bringt Geld. Besonders deutlich wird dies am Beispiel des Fiat-Konzerns, der zunächst den Fiat 500 mit großem Erfolg wiederbelebt und dann, davon beflügelt, die legendäre Tuning-Marke Abarth reanimiert hat. Der neue Fiat 500 wurde pünktlich zum 50. Geburtstag des Cinquecento, seines Vorgängers, präsentiert. Der Konzern knüpfte große Hoffnungen an das Modell. Und die Hoffnungen wurden nicht enttäuscht. Der Retro-Look des Fahrzeugs weckte nostalgische Gefühle, entfachte große Begeisterung und führte zu den entsprechend guten Zulassungszahlen, in Italien, aber auch in Deutschland. Im Segment der Minis belegt der Fiat 500 (Stand Mai 2008) Platz drei der Neuzulassungen.

Ermutigt durch den Erfolg des 500 hat der Fiat-Konzern kurze Zeit später angekündigt, die Tuning-Marke Abarth wiederzubeleben. Abarth ist eine Marke mit Tradition, wie Fiat hervorhebt. Der österreichische Sportwagenenthusiast Carlo Abarth brachte seit 1949 in seiner Turiner Werkstatt verschiedenste Fiat-Modelle zu sportlichen Höchstleistungen. Mit seinen Fahrzeugen fuhr er Hunderte von Siegen ein. Diese glorreiche Tradition wird Fiat, das die Marke in den Siebzigerjahren übernommen hat, wieder neu beleben. Das alterehrwürdige Logo, einen Skorpion, soll der neue Fiat 500 Abarth mit Stolz tragen. Das erste Abarth-Outlet in Italien weckt Assoziationen an eine Werkstatt und unterstreicht damit die Traditionslinie der Marke. In Deutschland waren Mitte des Jahres 2008 14 Händler unter Vertrag, insgesamt ist ein Netz von 25 Exklusivpartnern geplant, die Fahrzeuge verkaufen, Tuning-Kits einbauen und auch den Service übernehmen sollen.

Als authentisch werden nicht nur alte Marken und Traditionen eingestuft. Auch Angebote, die bestehende Komponenten aufgreifen und zu einem originellen Ansatz kombinieren, werden als authentisch bewertet. Denken Sie nur an den BlackBerry, der viele verschiedenste Funktionen erfüllt, damit kann man telefonieren, E-Mails und SMS schreiben, online surfen und Termine verwalten, obwohl man nur ein Gerät in Händen hält. Viele Nutzer finden diese Kombination originell. Schließlich ist auch authentisch, wer bestehende Produkte und Prozesse hinter sich lässt und sich schlichtweg als anti präsentiert.

Exzeptionelle Authentizität
Als authentisch wird wahrgenommen, was außergewöhnlich ausgeführt wurde, besonders individuell und hervorstechend, durch jemanden, der menschliche Sorgfalt und Rücksicht an den Tag legt. Authentisch ist hier das Gegenteil von routinemäßiger, unbeteiligter und ideenloser Ausführung.

Prinzipien der Authentizität sind:
- offen und direkt sein
- auf die Einzigartigkeit des Individuums fokussieren
- runter schalten, Tempo rausnehmen

- Temporär anbieten, plötzlich auftauchen und dann ebenso plötzlich wieder verschwinden
- Fremdheit, Exotik hervorkehren

Beispiele hierfür sind handgemachte Einzelanfertigungen oder exklusive Kunden-Clubs, die dem Einzelnen Einzigartigkeit bieten, einmalige Events oder Pop Up-Shops, die für einen begrenzten Zeitraum an ausgewählten Orten eröffnen, aber auch „go slow"-Angebote, die reduziertes Tempo, langsamen intensiven Genuss und Konsum in einer schnellen Welt bieten.

Ein Go Slow fordert und fördert die Slow Food-Bewegung, die Ende der Achtzigerjahre von Italien herkommend in Deutschland Fuß gefasst hat und seitdem zu einer weltweiten Bewegung mit rund 80.000 Mitgliedern angewachsen ist. Zielsetzung von Slow Food ist nichts geringeres als die Rettung des Menschen vor dem Bazillus des Fast Life, ein „heimtückischer Virus", der weltweit grassiert, Hektik verbreitet, Sitten und Gebräuche verarmen und verflachen lässt und dabei den Menschen und seine ihm gemäße Lebensführung bedroht.

Dagegen versammeln sich „bewusste Genießer und mündige Konsumenten, die es sich zur Aufgabe gemacht haben, die Kultur des Essens und Trinkens zu pflegen und lebendig zu halten", so die selbst gesteckten Ziele. Man trifft sich dazu in regionalen Gruppen, sogenannten Conviven, zu Deutsch Tafelrunden. Mindestens einmal im Monat findet ein „Schneckentreffen" statt. Die Bewegung propagiert ja Langsamkeit. Man tafelt, genießt mit Sinn und Verstand.

Bevorzugt werden dabei regionale Produkte mit ökologischer Qualität. Zudem sollen fast vergessene Lebensmittel bewahrt und gefördert werden. Auf der Liste der bedrohten Lebensmittel stehen das Bamberger Hörnle (Für Fast Food-Junkies: Dies ist eine Kartoffel), das Bunte Bentheimer Schwein und der Würchwitzer Milbenkäse, ein „Trüffel" unter den Käsesorten, leicht bitter und besonders würzig im Geschmack und bis zu 30 Jahren haltbar.

Aber es wird nicht nur privat im Kreis der Slow Food-Freunde getafelt. Auf überregionalen Veranstaltungen werden regionale Produkte präsentiert und der Austausch mit Gleichgesinnten gepflegt. Kochkurse für Kinder werden angeboten, um einen Beitrag zur Geschmackserziehung zu leisten und die Jugend vor den Versuchungen des BigMac zu bewahren.

Bislang war Slow Food vor allem eine Basisbewegung der Genießer und Konsumenten. Die neue Slow Food-Bewegung, die von Carlo Petrini, dem Vorsitzenden, vor einiger Zeit propagiert wurde, soll auf zwei Säulen stehen und neben dem Verbraucher auch und vor allem die Erzeuger, den Handel und die Gastronomie einbeziehen.

Für diese eröffnen sich durch Slow Food-Angebote die Chance, exzeptionelle Authentizität in einer Welt voller Fast und Convenience Food zu bieten und erfahrbar zu machen. Jamie Oliver, der englische TV-Koch, bekennt sich zu seiner Mitgliedschaft in der Slow Food-Bewegung. „Ich liebe Slow Food", äußert er in einem Interview mit dem Slow Food-Magazin. Aber auch deutsche Erzeuger und Gastronomen sind zunehmend in Liebe zum Slow Food entflammt.

Referenzielle Authentizität
Authentisch ist, was auf einen anderen Kontext Bezug nimmt, das Anregung aus der Geschichte bezieht, auf unsere kollektive Erinnerung zurückgreift. Authentisch ist hier das Gegenteil von trivial und bezugslos.

Bezug auf die Geschichte oder gemeinsame Erinnerungen, Bezug auf Orte, Personen, Dinge, Ereignisse, die Authentizität fördern

Prinzipien der Authentizität sind:
- herausragende Personen ehren
- alte Zeiten anrufen
- besondere Orte besetzen
- Bedeutung verleihen

Ein Beispiel ist die Biermarke Mönchshof, die von der Kulmbacher Brauerei gebraut wird. Der Name verweist auf vergangene Zeiten und Orte, nämlich auf das Mittelalter und die mittelalterlichen Klöster. Auf dem Flaschenetikett ist ein Mönch mit Bierkrug abgebildet, wodurch an die Braukunst der Klöster erinnert wird. Im werblichen Auftritt finden sich Motive wie alte Holzfässer und Zapfhähne, die die handwerkliche Tradition veranschaulichen.

Die Kulmbacher Brauerei vertritt die Philosophie, konsequent Chancen zu nutzen und dadurch Wachstum zu generieren. Der Trend zur Authentizität wurde mit der Marke Mönchshof erfolgreich genutzt. Innerhalb weniger Jahre konnte Mönchshof in Deutschland Platz 2 im Segment der Bügelflaschen erobern. In Bayern steht Mönchshof klar auf Platz eins.

Einflussreiche Authentizität
Hierunter werden Angebote verstanden, die persönliche Bestrebungen und Ziele von Kunden fördern, die kollektive Bestrebungen und Ziele befördern, die eine soziale Angelegenheit fördern, die Sinn vermitteln.

Prinzipien der Authentizität sind:
- an persönliche Ziele appellieren
- an gemeinsame kollektive Ziele appellieren
- eine Sache voranbringen
- Bedeutung, Relevanz verleihen

Beispielhaft hierfür seien Aktivitäten von Unternehmen unter dem Stichwort Corporate Social Responsibility (CSR) genannt. CSR ist ein Sammelbegriff für verschiedenste unternehmerische Aktivitäten. Ihre Zielrichtung ist, gesellschaftliche, insbesondere ökologische und soziale Verantwortung zu übernehmen.

Dabei werden die Stakeholder des Unternehmens, also die Personen und Gruppen, die von den Entscheidungen und Aktivitäten des Unternehmens betroffen sind, weiter gefasst. Während vielfach die Ansicht vorherrscht, Unternehmen seien nur ihren Eigentümern und Kapitalgebern verantwortlich, wird hier nun die Ansicht vertreten, auch die Gemeinde und die Umwelt gehörten zu den Stakeholdern, deren Ansprüche und Rechte zu beachten seien.

CSR umfasst daher
- eine sozial-ethische Beschaffung (ausreichende Löhne, gesundheitsverträgliche und sichere Produktionsbedingungen, Tierschutz),
- Verantwortung gegenüber der Gemeinde, dem Standort sowie
- Verantwortung gegenüber der Umwelt (Energieeffizienz, umweltgerechte Entsorgung).

Die Bereitschaft zur Corporate Social Responsibilty entspringt nicht reinem Altruismus. Dahinter steht oft der Druck von Medien und Aktivistengruppen, die sozial und ökologisch unverantwortliche Praktiken anprangern, aber auch die Aussicht, mit gutem Gewissen ordentlich Umsatz einzufahren.

Letzteres spiegelt sich auch in der Umsatzentwicklung von Fair Trade-Produkten. Hier sind in den vergangenen Jahren deutliche Zuwachsraten zu verzeichnen. Deutschland steht weltweit an Platz fünf der Fair Trade-Märkte. Das Wachstum betrug von 2003 bis 2006 stolze 46 Prozent.

Ursachen für den Trend zur Authentizität
Wie ist das zunehmende Bedürfnis nach Authentizität zu erklären? Warum tritt es gerade jetzt so mächtig in den Vordergrund?

Zunächst einmal zeigt sich darin eine Verunsicherung und Entfremdung gegenüber der Gegenwart. Ursache hierfür ist zum einen der starke Ansehensverlust, den viele Unternehmen durch Skandale der jüngsten Vergangenheit erlitten haben. Denken Sie nur an die Bespitzelungsaffäre bei der Deutschen Telekom, an die Korruptionsvorwürfe bei Siemens oder an die Entlassungswelle bei Nokia. Denken Sie an Diskussionen um Vorstandsgehälter und Managerabfindungen. Denken Sie an den hoch angesehenen Postvorstand, der wegen des Verdachts der Steuerhinterziehung medienwirksam von der Polizei abgeführt wird. Der Eindruck entsteht, dass die deutsche Unternehmenslandschaft von Betrug, Geldgier und Hinterlist verseucht ist. Der Ehrliche ist nur noch der Dumme.

Aber nicht nur Großunternehmen und deren Top-Manager, auch sonstige Institutionen leiden unter zunehmendem Ansehensverlust. Gewerkschaften und Parteien laufen zunehmend die Mitglieder weg. Ihre

Fähigkeit, einen konstruktiven Beitrag zu gesellschaftlichen Problemen zu leisten und unser Land auf die Zukunft einzustellen, wird gering eingeschätzt. Dabei brennen die Probleme unter den Nägeln, die Stichworte sind Haushaltsdefizit, Arbeitslosigkeit, steigende Sozialabgaben, sinkende Nettoeinkommen.

Ein weiterer Grund für die verbreitete Entfremdung gegenüber der Gegenwart sind die Massenmedien. Medien inszenieren, konstruieren und generieren so eine künstliche Welt. Davon sind auch sogenannte Reality-Formate nicht ausgenommen. Denken Sie nur an die jüngste Celebrity-Doku-Soap „Sarah & Marc Crazy in Love", die auf Pro Sieben gesendet wurde. „Eine so romantische und wahrhaftige Liebesgeschichte hat man im deutschen Fernsehen noch nie gesehen", verkündet der Sender großspurig. Beim „Familienalltag in Delmenhorst" sei man ganz nah dabei. Die selbsternannte Celebrity-Doku zielt also auf den Wunsch der Zuschauer nach mehr Authentizität. Als Zuschauer aber fragt man sich, was Dokumentation einer wahrhaftigen Liebesgeschichte ist und was lediglich Inszenierung nach Drehbuch. Auch die Medien, die jede Folge aufgreifen und diskutieren, sind sich nicht immer sicher. Ist Mark wirklich anfällig für Fremdgeherei, wie ein Klatschblatt behauptet, oder hat Sarah selbst für eine Folge die weibliche Versuchung bestellt, wie eine Celebrity-Expertin gegenhält? Selbst wenn es also ganz wahrhaftig zugehen soll, ist echt und unecht nicht mehr zu unterscheiden.

Hinzu kommt die zunehmende Technisierung von Services. Viele Unternehmen haben ihre Kundenprozesse auf technische Vorrichtungen verlagert. Jüngste Beispiele sind Automaten für das Abholen von Medikamenten oder der Automaten Check-In, den etwa Lufthansa und Germanwings ihren Fluggästen anbieten. Dies spart Kosten. Und wir Kunden begrüßen dies ja meist, wenn auch manchmal mit anfänglichem Widerstreben. Vieles geht nun einfacher, schneller, effizienter. Die Kehrseite aber ist, dass wir immer weniger Kontakt zu leibhaftigen Menschen haben. Der Automat ersetzt den Apotheker und das Servicepersonal.

Die deutsche Bahn geht aktuell noch weiter und erwägt einen Aufschlag für die face-to-face gekaufte Fahrkarte zu verlangen. Kritische Stimmen führen an, dass den Konsumenten dabei eine Serviceleistung vorgegaukelt wird, die letztlich keine ist. Vielmehr werden Prozesse einfach auf den Kunden übertragen. Do it yourself statt service delivery.

Ein weiterer wichtiger Treiber des Authentizitätstrends ist die zunehmende Bedeutung des Erlebniskonsums. Bereits Ende der Neunzigerjahre hat das Autoren-Duo Pine und Gilmore darauf hingewiesen, dass wir uns in den westlichen Nationen auf dem Weg in die Erlebnisökonomie befinden, die nach der Argar-, Industrie- und Dienstleistungswirtschaft entsteht. Immer größere Teile des Bruttosozialproduktes werden mit dem Angebot von Erlebnissen oder mit der Hinzufügung von Erlebniskomponenten erwirtschaftet. Wichtig ist dabei, dass die Erlebnisse echt sind, also Raum für eigene Entfaltung und Gestaltung lassen.

Trend-Steckbrief

Authentizität	
Definition	The appeal of the real: Zunehmender Wunsch nach dem Echten, dem Authentischen.
Trend-Kategorie	Konsumententrend
Treiber	• Unternehmensskandale • Ansehensverlust von Institutionen • Mediale Inszenierungen, Fake • Technisierung und Automatisierung von Services • Zunehmende Bedeutung des Erlebniskonsums • Neujustierung der Werteorientierung
Cross-Impact	Healthstyle, Alterung
Projektion	Von einer neu justierten Werteorientierung getragene stabile Neuorientierung der Konsumenten
Folgen	• Zurück zur Natur, zur Region • Wiederbelebung der Vergangenheit • Runter schalten, Tempo rausnehmen • Betonung ethischer, ökologischer und sozialer Ziele
Fallbeispiele	Bio-Produkte, Slow Food, Fiat 500

e. Auch wenn es keiner mehr hören kann: Geiz bleibt geil

„Saturn findet Geiz nicht mehr geil", titelten die Medien im Mai 2007. Das Unternehmen kündigte an, sich von seinem berühmten Werbeslogan zu verabschieden. Die Kampagne ist Mitte des Jahres 2007 ausgelaufen. Damit ging eine Erfolgsgeschichte zu Ende: „Geiz ist geil" war der bekannteste Werbeslogan der vergangenen Jahre. Er traf die Stimmung der Deutschen ziemlich genau, die Mentalität eines ganzen Landes wurde dadurch versinnbildlicht.

Nunmehr sollte Schluss damit sein. Und einige Trendforscher assistieren anfangs eifrig, die reine Orientierung am Preis sei sowieso überholt. Die Deutschen müssten den Gürtel nicht mehr enger schnallen. Im Wirtschaftsaufschwung, der Anfang 2008 erwartet wurde, wünschten sich die Kunden wieder mehr Qualität.

Stimmt das? Wir sagen „Jein". Der Rummel um die Themenfelder Preis und Rabatt mag abgeklungen sein. Die grundlegende Mentalität, auf den Preis zu achten, Preise zu vergleichen und Rabatte herauszuhandeln, bleibt aber bestehen. Desgleichen die Rahmenbedingungen, die die Preismentalität fördern.

Natürlich gilt dies nicht für alle Verbraucher und auch nicht für alle Branchen. Denken Sie nur an den starken Trend zum Healthstyle, in dem viel Potenzial für Qualitätsangebote und Preispremium steckt. Zudem finden wir Gegenströmungen, die irrational anmuten: Urlaub statt Altersvorsorge, Lebensmitteleinkauf in deutlich teureren Tankstellen-Shops, erhebliche Zunahme von Konsumentenkrediten („Easy Credit – das kann ich auch!").

Wir warnen davor, von einem Extrem in das andere zu fallen. Die Rabattitis hat nicht flächendeckend grassiert, nun ist sie nicht plötzlich verschwunden. Die Preismentalität ist eine nach wie vor verbreitete und starke Strömung, mit der Hersteller und Handel rechnen müssen. Werfen wir einen Blick auf die Fakten:

- Die „Achse des Bösen" ist nach wie vor stark, wie der Schweizer Handelsforscher Davids Bosshart zeigt. Die Achse wird gebildet von China auf der Herstellerseite, Discounter auf der Handelsseite und über das Internet

informierte und organisierte Kundenkartelle. Diese Kräfte wirken zusammen und machen Druck für billige Angebote in allen Lebensbereichen.
- Die realen Nettolöhne der Deutschen gehen seit Jahren zurück bzw. stagnieren. Die zunehmende Steuerlast, insbesondere aber die steigenden Sozialabgaben nehmen den Verbrauchern das Geld. Es bleibt schlicht und einfach immer weniger hängen. Das gilt auch 2008 und Besserung ist nicht in Sicht.
- Jede Meldung über Preiserhöhungen hält das Thema Preis ganz oben auf der Tagesordnung. Denken Sie nur an die immer wiederkehrenden Debatten um die Benzinpreise. Mit jedem Cent mehr an der Tankstelle wird der Verbraucher zum Nachdenken über Preise und Alternativstrategien geradezu gezwungen. Und die Liste ließe sich beliebig verlängern, die Stichworte Bahn, Milch, Gas und Strom seien hier beispielhaft genannt.
- Hinzu kommt, dass viele Deutsche verunsichert sind. Die eigene wirtschaftliche Situation sowie insbesondere die eigene wirtschaftliche Zukunft werden mit vielen Fragezeichen versehen. Die Rente ist eben gar nicht mehr sicher. Die Unsicherheit dämpft die Ausgabebereitschaft. Man schaut genauer hin.
- Schließlich ist zu bedenken, dass die Deutschen gelernt haben, auf den Preis zu achten und Preise zu vergleichen. Dieses Verhalten wurde und wird mit Rabatten belohnt. Niemand wird ernsthaft annehmen wollen, dass gelerntes Verhalten, das Belohnung verspricht, freiwillig aufgegeben wird.

„Wir hassen teuer!", rufen viele Deutsche daher nach wie vor im Chor. Machen wir das nochmals am Beispiel Automobil deutlich.

Der Wunsch nach günstigen Fahrzeug-Alternativen ist breitflächig vorhanden, wie eine von ABH durchgeführte Studie zeigt. Im Jahr 2008 haben 43 Prozent der deutschen Pkw-Fahrer den Wunsch nach einem preisgünstigen Fahrzeug. Jeder zweite Ford- oder Opel-Fahrer wünscht sich hier ein breiteres Angebot. Auch fast jeder zweite BMW-Fahrer schließt sich dem an. Vor dem Hintergrund ständig steigender Neuwagenpreise und sinkender Nettolöhne ist das auch durchaus verständlich. Viele Neuwagen kann sich der Privatmann einfach nicht mehr leisten, wie der Verkaufsleiter einer renommierten Automobilmarke kürzlich in einem Projekt-Workshop gegenüber den Autoren betonte.

Um Rabatte wird nach wie vor gerungen. Zwei Drittel der Pkw-Fahrer erwartet beim Neuwagenkauf mindestens 11 Prozent. Entsprechend liegt das Rabattniveau auch nur leicht unter dem des Vorjahres 2007, wie Marktbeobachter errechnet haben.

Fahrzeuge mit Basisausstattung und interessantem Einstiegspreis werden immer attraktiver. Stark im Kommen sind eine reduzierte Ausstattung (Golf VI mit kleinvolumigem Basismotor), Einsteigermodelle (Ford Ka Student ab 8.190 Euro) oder gleich der Dacia, der mit robuster Einfachtechnik über deutsche Straßen rollt.

Alternativ wird verstärkt auf Gebrauchtwagen, insbesondere junge Gebrauchte umgeschwenkt. In einer von uns durchgeführten Studie hat gut die Hälfte der Autokäufer angegeben, diesen Schwenk vollzogen zu haben.

Auch bei Ausgaben rund um das Auto schaut der deutsche Autofahrer mehr aufs Geld. Da werden anstehende Reparaturen schon mal verschoben oder in das private Umfeld delegiert. Da wird schon mal eine günstigere Tankstelle angefahren und die Autowäsche fällt einfach aus. In Zahlen ausgedrückt: Im Jahr 2006 wurde ein Auto im Durchschnitt zwölf Mal gewaschen, im Jahr 2007 waren es nur noch elf Mal. Für die Branche bedeutet das 13 Millionen Autowäschen weniger im Jahr. Dies macht sich in der Kasse der Waschanlagenbetreiber bemerkbar. Nach unseren Berechnungen sind die Ausgaben für Autowäschen von 68,6 Euro pro Pkw auf 62 Euro pro Pkw zurückgegangen.

Es lässt sich also festhalten: Trendforscher haben das Ende des Preis-Trends ausgerufen. Die Verbraucher aber haben noch nicht mitbekommen, dass Preissensibilität nicht mehr trendy ist. Für sie ist Geiz immer noch geil.

Weiterhin zeigt sich in vielen unserer Studien, dass in vielen Branchen das Segment der reinen Preiskäufer bei mindestens 10 bis maximal 15 Prozent liegt. Hierzu wieder ein paar von uns publizierte Zahlen aus der Automobilbranche:

- 11 Prozent der Pkw-Fahrer betrachten ein Billigauto als eine ernsthafte Kaufalternative.
- 10 Prozent der Pkw-Fahrer wählen eine Werkstatt vor allem nach dem Preis aus.
- 12 Prozent achten verstärkt auf den Preis, wenn sie neues Motoröl kaufen.
- Über 15 Prozent wählen stets das billigste Angebot, wenn sie neue Reifen für ihr Fahrzeug benötigen.

Der Trend hat aber natürlich auch Grenzen. Porsche-Fahrzeuge wie der Boxster oder Cayenne, nicht gerade ein Schnäppchen, sind oder waren echte Verkaufsschlager. Zudem existieren noch Zonen paradiesischer Preis-Unschuld, auch dies soll nicht verschwiegen werden.

In einer Studie haben wir deutsche Pkw-Fahrer gefragt, wie sie Motoröl kaufen, nachfüllen und wechseln. Die Ergebnisse sind frohe Botschaften für alle, die mit Motoröl zu tun haben.

Viele Pkw-Fahrer haben beim Thema Motoröl ein regelrechten Blackout. Gut jeder Zweite weiß nicht mehr, was das Motoröl zum Nachfüllen gekostet hat. Wurde ein Ölwechsel durchgeführt, sind es gar drei Viertel der Pkw-Fahrer, die den Preis für das Öl nicht mehr angeben können.

Vielfach wird das Öl vom Werkstattpersonal einfach nachgefüllt, und zwar ohne große Diskussion und Preisvergleiche. Viele Werkstätten haben den Status eines Hausarztes, das Vertrauen in die Werkstatt kompensiert den Preis. Und das Vertrauen, dass nur tatsächlich anfallende Arbeiten auch durchgeführt werden, ist stark ausgeprägt: Gut jeder Fünfte vertraut „grenzenlos" und gut 40 Prozent der Pkw-Fahrer haben sehr großes Vertrauen.

Wie geht es aber weiter mit dem Preis-Trend? Die ungünstigen Rahmenbedingungen werden sich auf mittlere Sicht nur unwesentlich ändern. Wir erwarten nur eine leichte Erholung bei der Steuer- und Abgabenlast. Die staatliche Rente wird auch 2020 nicht sicher sein. Und Debatten um Preiserhöhungen werden immer wieder aufflammen und die Preissensibilität am Leben halten.

Ein Zurück in gute alte Zeiten, wenn es sie denn gab, ist nicht mehr möglich. Die verlorene Preis-Unschuld lässt sich einfach nicht mehr wiederherstellen. Denn die Lektion, auf Preise zu achten und Rabatte herauszuholen, ist gelernt.

Insgesamt gehen wir bei einer stabilen konjunkturellen Lage bis 2020 von einem gleichbleibendem Niveau der Preissensibilität aus. Eine merkliche Abnahme der Preisorientierung halten wir für unwahrscheinlich. Weiterhin wird ein stabiler Kern von Hardcore-Preisorientierten weiterbestehen, den wir bei etwa 10 Prozent der Bevölkerung sehen. Die Preisschraube ist angezogen, damit muss nun jeder klarkommen.

Trend-Steckbrief

Geiz bleibt geil	
Definition	Die grundlegende Mentalität, auf den Preis zu achten, Preise zu vergleichen und Rabatte auszuhandeln, bleibt bestehen. Auch die Rahmenbedingungen, die Preismentalität fördern.
Trend-Kategorie	Konsumententrend
Treiber	• Stagnierende reale Nettolöhne • Mediale Debatten über Preiserhöhungen • Unsicherheit dämpft Konsumneigung • Preissensibilität ist gelernt
Cross-Impact	Future Discount
Projektion	Gleichbleibendes Niveau der Preissensibilität. In den nächsten Jahren gleiche Rahmenbedingungen.
Folgen	• Nachfrage nach Billiganbietern • Nachfrage nach Angeboten mit Basisausstattung • Konsumzurückhaltung, selektiver Verzicht
Fallbeispiele	Dacia

3.4 Zukunfts-Schnellkursus II: Marketing-Trends

Bislang haben wir uns Trends im Kundenverhalten angesehen. Wenden wir uns nun den Marketing- und Vertriebstrends zu, also Trends, die die Vermarktung und den Vertrieb von Produkten und Services betreffen. Diese Trends sind wichtig, wenn der Bogen vom Trend-Wissen zum Zukunftshandeln geschlagen werden soll, wenn also aus den Konsumententrends Folgerungen für den Auftritt und das Agieren am Markt abzuleiten sind.

Beginnen wir mit den Marketingtrends. Davon beziehen sich zwei, nämlich Consumer Ethnography und Marketing 2.0, auf einen direkten Zugang zum Kunden, seine unmittelbare Lebenswelt, seine „nackten" Konversationen. Ein weiterer Trend, nämlich die zunehmende Bedeutung des Return on Marketing, zielt auf stärkere Effizienz und Effektivität.

a. Consumer Ethnography: Hautnah den Kunden beobachten
Es ist merkwürdig: Jahrzehntelang wurde über das Thema Kundenorientierung debattiert. Wer nicht nah am Kunden ist, ist schon aus dem Rennen, hieß es. Heute wird argumentiert, man müsse den Kunden besser, gründlicher und umfassender kennenlernen. So nah am Kunden ist man also scheinbar nicht gewesen.

Damit wir uns nicht falsch verstehen: Klassische Instrumente der Kundenforschung, insbesondere die quantitative Befragung, sind damit keinesfalls abgeschrieben. Sie haben nach wie vor ihre Berechtigung und ihren Nutzen. Es gilt jedoch, weiterzudenken und die herkömmlichen Instrumente durch neue Verfahren zu bereichern. Der Marketing-Trend der Kundenethnografie setzt genau an diesem Punkt an.

Der Trend beschreibt das Bemühen um einen authentischen unverfälschten Zugang zum Kunden, der ganz neue ganzheitliche und tiefe Einsichten zum Kundenverhalten erbringen soll. Marketing von heute bedeutet, sich gewissermaßen wie ein Ethnologe zu betätigen, der fremde Völkerstämme durch teilnehmende Beobachtung, also durch leibhaftiges Miterleben, erforscht. Auch der Kunde ist nach wie vor ein fremdes Wesen und muss live in seinem Alltag beobachtet und seziert werden.

Was ist aber eigentlich geschehen? Wie konnte der Kunde, auf den der Blick ja unverwandt gerichtet war, plötzlich doch aus dem Gesichtsfeld geraten? Was sind die Ursachen?

Gründe hierfür sind zunächst im Kundenverhalten selber zu suchen. Das grundlegende Verhalten des Kunden scheint weniger berechenbar geworden zu sein. Denken Sie nur an die Wahlvorhersagen. Früher stand zwei Wochen vor der Wahl das Ergebnis bereits fest. Heute macht die Vielzahl der Unentschlossenen den Wahltag noch zur Zitterpartie. Nicht nur bei der Wahl sinken die Loyalitäten, vertraute Gewohnheiten greifen nicht mehr, Teile des Einkaufs, die bislang verlässlich bei einem Unternehmen getätigt wurden, finden plötzlich woanders statt. Das Unternehmen reibt sich verwundert die Augen und fragt sich, wo der Kunde seine Einkäufe nun erledigt.

Weiterhin nimmt der Kunde über eine Vielzahl von Kanälen Kontakt mit dem Unternehmen auf, heute im Internet, morgen über das Call Center und übermorgen im stationären Handel. Dadurch zerfällt die Sicht auf den Kunden in eine Vielzahl von Facetten. Die Komplettsicht geht verloren.

Ein weiterer Grund für die Popularität der Kundenethnografie ist, dass vorherrschende Annahmen über das Konsumentenverhalten zunehmend in Zweifel geraten. Insbesondere neue Erkenntnisse der Hirnforschung tragen dazu bei. Falsche und zunehmend bezweifelte Annahmen, „Die sechs Marketing-Irrtümer", wie der amerikanische Marketing-Professor Gerald Zaltman dies nennt, sind:

1. Kunden denken rational,
2. Kunden können ihr Denken und Handeln erklären,
3. Erfahrungen von Konsumenten können in separate Einheiten (Gehirn, Seele, Körper, Umgebung) aufgeteilt und separat analysiert werden,
4. das Gedächtnis der Kunden spiegelt ihre Erfahrungen genau wider,
5. Kunden denken in Worten,
6. Kunden können mit Marketingbotschaften infiltriert werden, die sie wie beabsichtigt auffassen.

Lange haben wir daran geglaubt und unsere Analysen und Planungen darauf aufgebaut. Heute weiß man, oder glaubt dies zumindest zu wissen, dass wir Irrtümern aufgesessen sind. Der Kunde ist gar nicht so vernünftig, große Teile des Verhaltens werden über den Autopiloten gesteuert.

Dies wiederum erfordert natürlich eine andere Herangehensweise. Eine simple Kundenbefragung, die rationale Urteile und deren verbale Artikulation verlangt, hilft nicht immer weiter. Man muss tiefer graben.

Hinzu kommt noch ein Grund. Wie bereits besprochen, scheinen in vielen Branchen die Grenzen des Wachstums erreicht. Daher ist jeder auf der Suche nach neuen Goldgruben, also nach bisher nicht erkannten und freigelegten Kundenbedürfnissen. Wenn die oberen, leichter zugänglichen Schichten bereits geplündert sind, muss man tiefer in das „Ökosystem der Nachfrage" eindringen, wie der Marketing-Professor Erich Joachimsthaler das nennt. Das erfordert anderes Werkzeug.

Diese Gründe haben Methoden der Kundenethnografie zunehmend populär gemacht. Nach einer aktuellen Studie der Beratungsfirma Bain & Company, die über 1.000 Großunternehmen weltweit befragt hat, setzt fast jedes dritte dieser Unternehmen Methoden aus dem Arsenal der Kundenethnografie ein. Die Zufriedenheit damit ist außerordentlich hoch.

Zum Teil sind diese Methoden alte Bekannte, die nun zu neuen Ehren kommen oder im neuen Online-Gewand ein Revival erleben. Gemeinsam ist den Verfahren, dass sie unmittelbar in der Lebenswelt des Kunden ansetzen. Dort wird beobachtet, fotografiert, gefilmt. Gedanken und Assoziationen werden frei geäußert, der Kunde denkt einfach laut, oder sie werden in Collagen und Zeichnungen zu Papier gebracht.

Wir teilen diese Verfahren in zwei Grobkategorien ein, nämlich Verfahren für eine 360 Grad-Sicht und Verfahren für eine Tiefensicht.

360 Grad-Sicht auf den Kunden
Diese Kategorie von Verfahren zielt stärker auf die Breite. Der Alltag des Kunden, auch sein Alltag, der nicht mit Konsum zu tun hat, soll umfassend aufgenommen werden. Untersucht wird dabei, wann sich die Kunden einer speziellen Aufgabe, einem bestimmten Prozess widmen. Was ist der Kontext, die spezielle Situation? Wie lange dauert eine Episode?

Eingesetzte Methoden sind dabei
- das Tagebuchverfahren (schriftliches Tagebuch, Online-Tagebuch, Fototagebuch),
- externe Beobachtung (fotografische oder Videobeobachtung, begleitetes Einkaufen),
- Kurz-Befragung über den gesamten Tagesverlauf (SMS- / Piepser-Studien)

Ein Beispiel ist eine aktuelle Studie, die der Marketing-Professor Erich Joachimsthaler für den Snack-Produzenten Frito Lay durchgeführt hat. Joachimsthaler und sein Team haben 35 Konsumenten ausgewählt. (Ein jeder Statistiker wird sofort fragen, wie die Auswahl getroffen wurde und ob die Auswahl auch repräsentativ ist. Für Anhänger des neuen Marketing sind diese Gütekriterien nachrangig.) Diese Konsumenten erhielten ein Tagebuch und eine Polaroidkamera. Für eine Dauer von 30 Tagen hielten sie in ihrem Tagebuch sämtliche Aktivitäten zum Thema Ernährung fest, also planen, einkaufen, zubereiten, verzehren, aufbewahren. Insgesamt 21.000 Aktivitäten wurden beschrieben und anschließend durch Tiefeninterviews aufgearbeitet. Als Ergebnis konnte eine Verhaltenslandkarte rund um das Thema Ernährung erstellt werden. Zudem konnten solche Orte und Kontexte in der Landkarte identifiziert werden, wo die Snacks von Frito Lay eine Rolle spielen und vor allem potenziell spielen könnten.

Tiefenblick in die Konsumentenseele
Die zweite Kategorie von Verfahren zielt stärker auf die Tiefe. Gedanken und Gefühle stehen im Zentrum. Von besonderem Interesse sind dabei unbewusste Assoziationen und Bedeutungsinhalte des Verbrauchers.

Eingesetzte Methoden sind dabei
- die Methode des lauten Denkens

- Tiefeninterviews
- Fotosortierung
- Collagen und Zeichnungen

Ein Beispiel hierfür, das gegenwärtig viel Aufmerksamkeit erhält, ist die Zaltman Metaphor Elicitation Technique, zu deutsch Zaltmans Gleichnis-Hervorhol-Technik. Klingt spannend, oder? Hierbei handelt es sich um eine Kombination von Tiefen-Verfahren, die der amerikanische Marketing-Professor Gerald Zaltman entwickelt hat.

Es wird eine Handvoll Personen ausgewählt, die zu dem Produktbereich, der Marke oder dem Unternehmen, das untersucht werden soll, eine Affinität aufweisen. Diese Personen beschreiben ihre einschlägigen Erfahrungen. Dabei werden sie angehalten, möglichst viele Metaphern und Bilder zu verwenden. Zudem erstellen sie eine Bildcollage, die ihre Erfahrungen und Empfindungen zusammenfasst.

Anschließend werden sie interviewt. Die verwendeten Metaphern werden besprochen und systematisiert, es wird herausgearbeitet, wie einzelne Metaphern miteinander verknüpft sind und wie sie begründet werden. Darauf aufbauend wird eine mentale Landkarte des Interviewten aufgezeichnet. Die einzelnen Landkarten lassen sich in einem weiteren Schritt zusammenführen. Eine mentale Landkarte des Marktes entsteht. Was kompliziert klingt, bedeutet im Endeffekt nichts weiter, als dass tief verankerte Empfindungen und Erfahrungen mit einem Produkt, einer Marke oder einem Unternehmen hervorgeholt, zusammengetragen und systematisch aufbereitet werden. Unternehmen wissen dann, welche (unbewussten) Assoziationen und Empfindungen für ihr Geschäft relevant sind, und können darauf aufbauen.

Wie geht es nun weiter mit dem Trend zur Kundenethnografie? Seine Bedeutung wird zunehmen, ohne klassische Methoden zu verdrängen. Unter den zukünftigen Rahmenbedingungen wird die Suche nach Umsatzchancen und kreativen Wachstumsideen immer wichtiger. Entsprechend werden Methoden der Kundenethnografie Auftrieb bekommen. Bislang wurden diese Methoden vor allem von Großunternehmen, vielfach aus dem Konsumgüterbereich eingesetzt. Das Interesse an solchen Methoden wird zukünftig breiter gestreut sein. Gegenwärtig beginnen sich die einschlägigen Anbieter (Marktforscher, aber auch Beratungsunternehmen) darauf einzustellen. Auch die Publikationstätigkeit nimmt zu. Eine Marktforschungszeitschrift hat dem „Marktforscher als intimen Feldforscher" gerade ein ganzes Heft gewidmet.

Trend-Steckbrief

Consumer Ethnography	
Definition	Zunehmendes Bemühen um einen authentischen, unverfälschten Zugang zum Kunden, der ganz neue, ganzheitliche und tiefe Einsichten zum Kundenverhalten erbringen soll.
Trend-Kategorie	Marketingtrend
Treiber	• Hirnforschung stellt herkömmliche Annahmen infrage • Zunehmende Unberechenbarkeit des Kundenverhaltens • Sinkende Loyalität • Multi-Channeling verstellt die Gesamtansicht • Suche nach unerschlossenen Umsatzchancen • Suche nach kreativen Wachstumsideen
Cross-Impact	
Projektion	Zunehmende Verbreitung, über die Konsumgüterbranche und über Großunternehmen hinaus.
Folgen	• Betonung der ganzheitlichen und Tiefsicht • Neues Arsenal von Methoden
Fallbeispiele	ZMET

b. Nackte Konversation – Marketing 2.0
Was macht ein Interessent für ein neues Auto als erstes, wenn der Kauf eines Autos ansteht? Richtig, er geht ins Internet. Genutzt wird es vor allem zur Information und zum Vergleich von Modellen und Preisen. Aber auch wenn der Kaufprozess konkreter wird, gehen die Interessenten online, um einen Händler im Umfeld ausfindig zu machen, eine Probefahrt zu vereinbaren oder um sich begleitend zum Kaufprozess vertiefende Informationen zu besorgen.

Hintergrund hierfür ist die zunehmende Verbreitung des Internets. Nach Auskunft der Arbeitsgemeinschaft Online-Forschung (AGOF) sind mehr als 60 Prozent der Deutschen online. Dies sind 40 Millionen Menschen. Und fast alle nutzen das Internet als Medium bei Kaufentscheidungen.

Da wundert es nicht, dass die Online-Suchanfragen zum Thema Auto deutlich zunehmen. Nach einer internen Studie haben sich die Auto-bezogenen Suchanfragen in Suchmaschinen von 2005 auf 2006 um fast 40 Prozent erhöht und von 2006 auf 2007 um über 50 Prozent.

Wie aber gehen die Interessenten dabei vor? Was machen Sie, wenn sie vor ihren Bildschirmen sitzen? Die allermeisten starten eine Suchmaschine, geben ein oder mehrere Stichworte ein, und durchlaufen so mehrere Suchläufe.

In einer Pilotstudie mit Prof. Matthias Fank von der Fachhochschule Köln haben wir das Online-Suchverhalten detaillierter untersucht. Dabei erhielten die Teilnehmer des Experiments die Aufgabe, sich im Internet innerhalb einer vorgegeben Zeit über ein bestimmtes Automobil zu informieren. Als Startpunkt diente ein leeres Browser-Fenster. Alle Seitenaufrufe, Texteingaben oder Cursorbewegungen wurden über das sogenannte Screencast-Verfahren, eine Art Videoaufzeichnung, registriert.

Dabei zeigte sich:
- Als Einstieg in den Suchvorgang wird ganz überwiegend die Suchmaschine Google gewählt. Nur eine Minderheit geht direkt auf die Website des Herstellers.

- Die Teilnehmer des Experiment, um hatten eine halbe Stunde Zeits sich zu informieren. Davon haben sie im Schnitt acht Minuten auf der Seite des Herstellers verbracht. Die restliche Zeit haben sie den verschiedenen anderen Treffern gewidmet.

Welcher Schluss lässt sich nun daraus ziehen? Zunächst einmal, dass die Informationsaufnahme des Interessenten durch die Treffer in Suchmaschinen, mehrheitlich bei Google, gesteuert wird. Was hier oben steht, wird beachtet.

Vor allem aber zeigte sich, dass der Hersteller selbst nur bedingt steuern kann, welche Informationen für den Interessenten verfügbar sind. Sicher, er steht auf dem ersten Rang und genießt damit Top-Priorität. Er kann aber nicht alle Ränge besetzen und die Aufmerksamkeit monopolisieren. Und damit fängt das Problem an, glauben Hersteller und Handel.

Seit einiger Zeit findet nämlich zunehmend sogenannter User Generated Content Eingang in das Internet. Die herkömmliche Rollenverteilung zwischen Herstellern und Handel, die Websites und Inhalte bereitstellen, und Kunden, die die Websites aufsuchen und die Informationen aufnehmen, wird zunehmend aufgehoben. Die Kunden nehmen das Internet einfach selbst in die Hand, gestalten Websites, stellen Texte, Fotos und Videos ein, geben Kommentare oder Bewertungen ab, wann sie wollen und zu was und wem sie wollen.

Hierzu ein paar Beispiele:
- *Auf dem Video-Portal YouTube kommen täglich 65.000 neue Videos hinzu. Nach Schätzungen soll YouTube für 20 Prozent des gesamten Web-Traffics verantwortlich sein. Hier tummeln sich auch nicht nur die nachrückenden Generationen. Mehr als 50 Prozent der User sind über 35 Jahre alt.*
- *Bei Wikipedia, dem Online-Lexikon, werden täglich 8.000 Artikel eingestellt, jeder Artikel wird im Durchschnitt 20 Mal überarbeitet.*
- *Im Forum von Leo, dem Online-Wörterbuch, werden Anfragen zu Übersetzungen im Schnitt innerhalb von zehn Minuten beantwortet.*

Technik macht dies flächendeckend möglich. Breitbandanschlüsse, Flatrates und mobile Endgeräte sind immer häufiger in deutschen Haushalten anzutreffen. Die Verbreitung von Content (Audio, Bild und Video) wird dadurch stark begünstigt. Zudem kann sich auch der Laie Internet-Technologie aneignen, ohne über vertiefte Kenntnisse verfügen zu müssen.

Bezogen auf unseren Autokäufer heißt das: Er trifft auf Bewertungsportale und Foren, in denen Fahrer und Interessierte über die Marke und das nachgefragte Modell diskutieren. Er trifft auf Websites von Privatpersonen, die sich der Marke verschrieben haben und freudig Meinungen kundtun. In unserem Experiment nahm eine private Homepage Rang zwei nach Betrachtungsdauer ein, direkt nach der Hersteller-Website. Und unser Autokäufer stellt selbst Inhalte und Kommentare ein, berichtet über seine Erfahrungen beim Händler oder bei der Probefahrt. Vielleicht gestaltet er auch selbst eine Website, unter www.auto-interessenten.de wird unser Interessent aktiv.

Welche Dimension hat nun dieses User Generated Content? Nehmen wir an, der Interessent beabsichtigt, einen Opel Vectra zu erwerben. Er wirft also seine Suchmaschine an und gibt das Stichwort Opel Vectra ein. Wie viele Beiträge zum Thema erhält er?

Prof. Fank und sein Team haben das genau nachgeprüft. Sie kamen auf insgesamt 4.795.875 Beiträge (zum Zeitpunkt der Analyse versteht sich). Im Detail fanden sie

- über eine Millionen Beiträge in Bewertungsportalen, die in Suchmaschinen relativ hoch positioniert sind und ausführliche Kritiken und Tests enthalten,
- über zwei Millionen Beiträge in Foren, die ebenfalls in Suchmaschinen hoch positioniert sind und Erfahrungs- und Nutzungsberichte von Kunden enthalten,
- über eine Millionen Beiträge in Blogs, die durch ihre Vernetzung eine relativ breite Streuung erreichen.

Bei diesen Dimensionen wundert es nicht, dass das Schlagwort vom Web 2.0 die Runde macht. Im Web 1.0 ging es zunächst darum, Zugang zum Web zu bekommen. „Ich bin drin!", war die Losung. Danach konnte nach Herzenslust gesurft werden, es wurden Informationen abgerufen, gesammelt und offline gespeichert. Im Web 2.0 ist der Kunde endlich König, das Web wird zum Mitmachmedium. „Wir sind das Netz", lautet nun die Losung.

Und mitgemacht wird immer häufiger. Das kurzfristige Potenzial des Web 2.0 wird nach einer Online-Studie von ARD und ZDF auf mindestens 5 und maximal 30 Prozent der Internetnutzer geschätzt. Noch überwiegt auch hier das Konsumieren, also das Abrufen von Informationen. Aber 25 Prozent der Internetsucher zeigen grundsätzliches Interesse, Inhalte einzustellen.

Dies wird zunehmen. Dabei wird nach Herzenslust beobachtet, kommentiert, über Produkte und Servicepannen hergezogen, aber natürlich auch gelobt und weiterempfohlen. Hier findet eine „nackte Konversation" statt, wie die Autoren Scoble und Israel, selbst leidenschaftliche Blogger, dies nennen, also ein ungefilterter und nicht gesteuerter Austausch. Und Hersteller und Handel bekommen es häufig nicht mit oder wissen einfach nicht, wie damit umzugehen ist.

Erste Versuche, Web 2.0 für Marketingzwecke zu nutzen, gibt es. Großes Aufsehen erregte der Video-Blog von Horst Schlämmer, großartig verkörpert von Hape Kerkeling, der in Videos über seinen Führerscheinerwerb berichtete. Die Videos fanden breiten Anklang, Millionen sahen sie sich an. Initiiert wurde der Blog von Volkswagen. Weitere Beispiele sind der virtuelle Showroom von Toyota in Second Life, die Ausstattung von Avataren mit adidas-Kleidung oder die Produktion von Werbespots für die Platzierung auf YouTube.

Im Bereich des Marketing 2.0 wird noch viel experimentiert, viele Versuche sind eher mäßig, einige überhaupt nicht erfolgreich. Es fehlt noch an einem zielgerichteten Marketing im Web 2.0.

Dazu gehört zum einen ein Web-Monitoring, also eine systematische Beobachtung von Blogs, Foren und Portalen. Dabei ist die Entwicklung der Visits und der Beiträge zu verfolgen, aber auch die Themenbildung und die Stimmung zu analysieren. Man denke nur daran, dass über 4 Millionen Beiträge allein zum Opel Vectra verfügbar sind. Über was wird geredet? Was wird gelobt, was kritisiert? Ein Hersteller kann dies nicht außer Acht lassen. Hier entsteht eine enorme Kunden- und PR-Macht, die einer entsprechend professionellen Beobachtung bedarf. Instrumente hierfür sind seit einiger Zeit verfügbar.

Aber beobachten alleine reicht nicht. Es muss auch gehandelt werden. Dies bedeutet zunächst, das nackte Feedback der User ernst zu nehmen, daraus zu lernen. Geben Sie doch einfach einmal den Namen Ihres Unternehmens in eine Suchmaschine ein. Was können Sie aus den Beiträgen lernen?

Handeln bedeutet aber auch, zielgerichtet einzugreifen. Oberstes Gebot dabei ist, authentisch zu sein, „offen, ehrlich", wie es unter www.frosta-blog.de, dem Blog des Tiefkühlherstellers und Großhändlers Frosta, heißt. Der Versuch der Täuschung wird nicht geschätzt.

Prof. Dr. Matthias Fank

Fragen an Prof. Dr. Matthias Fank, Professor an der Fachhochschule Köln mit dem Spezialgebiet „Webknowledge" und Gesellschafter des Webmonitoring-Dienstleisters infospeed GmbH.

Für wen ist Web 2.0 überhaupt ein Thema? Geht dies jeden an?

Das Thema Web 2.0 ist für jeden ein Thema, der mit seinem Profil bzw. Unternehmen im Internet vertreten ist. Dabei bezieht sich ‚vertreten sein' nicht nur auf eine eigene Internetpräsenz, sondern auch auf fremde Webseiten, auf denen über mich berichtet wird. Auf Verbraucherportalen wie CIAO werden Millionen von Produkten und Dienstleistungen von Verbrauchern bewertet. Über 40 Millionen Bundesbürger haben laut der aktuellen AGOF-Studie Zugang zum Internet. Daher kann ich die Frage nur mit ja beantworten: Es geht jeden an. Konsumenten sollten das Internet nutzen, um sich über Produkte und Dienstleistungen zu informieren. Unternehmen müssen verstärkt das Internet beobachten, um zu erfahren, was über sie berichtet wird.

Was hat das Web 2.0 für Auswirkungen auf das Verhältnis von Unternehmen zu Kunde?

Mit Web 2.0 erfährt das Thema interaktives Marketing eine neue Entwicklung. Unternehmen sprechen seit einigen Jahren vom Dialog-Marketing und seiner Bedeutung für die Zukunft. Viel intensiver haben die Kunden selber den Dialog im Internet aufgenommen. Der Dialog besteht jedoch weniger mit den Unternehmen als vielmehr unter Gleichgesinnten. Die Internetnutzer unterhalten sich zum Beispiel in Blogs und Foren über Produkte und Dienstleistungen. Mit dem Internet haben Kunden heute die Möglichkeit, sich Gehör zu verschaffen. Hierzu gibt es einige prominente Beispiele, bei denen es Kunden gelungen ist, über das Internet Macht auszuüben und zum Beispiel Rückrufaktionen herbeizuführen. Das Internet hat ganz klar die Stellung der Kunden gestärkt. Unternehmen müssen lernen, sich den Tatsachen der Realität zu stellen und Beschwerden nicht als Nörgelei von Spinnern abzutun. Allein im größten deutschen markenübergreifenden Internetforum zum Thema Automobile sind mehr als 870.000 Mitglieder registriert. Hierin liegt ein unglaublicher Fundus an Erfahrungen, der für Unternehmen zur Gefahr werden kann, wenn sie ihn ignorieren. Er kann aber auch als Chance gesehen werden. Sollten Kunden wirklich Produktschwächen entdeckt haben, müssen Unternehmen lernen, dazu zu stehen und versuchen, Abhilfe zu schaffen. Bei Unwahrheiten kann ein Unternehmen darauf bestehen, dass entsprechende Inhalte gelöscht werden. Unternehmen sind den Kundenurteilen nicht willkürlich ausgeliefert.

Wie kann ein Unternehmen auf Beiträge und Meinungen im Internet reagieren?

Wie bereits erwähnt, haben Unternehmen durchaus Handlungsoptionen. Falls Kunden zum Beispiel eine Schwachstelle bei einem Produkt entdeckt haben, gilt es hier, in einen offenen Dialog einzutreten. Kunden haben ein Produkt gekauft, weil sie davon überzeugt sind. Daher sind sie dem Produkt bzw. Unternehmen gegenüber grundsätzlich positiv eingestellt. Ein offener und ehrlicher Dialog wird dementsprechend honoriert. Sollten über ein Produkt oder Unternehmen unwahre oder gar beleidigende Informationen veröffentlicht werden, haben Unternehmen aber auch die Möglichkeit, hiergegen vorzugehen. Hier zeigen sich Portal- wie Forenbetreiber sehr loyal gegenüber den Unternehmen.

Was darf ein Unternehmen auf keinen Fall tun?

Man darf den Kunden nicht unterschätzen. Das ist die größte Gefahr im Web 2.0. Unternehmen müssen lernen, Kunden als gleichwertige Partner zu sehen. Wie im realen Leben gibt es auch im Internet Multiplikatoren und Meinungsführer, mit dem für Unternehmen unangenehmen Nachteil der Reichweite. Aktive und gut vernetzte Internetuser erhalten mit ihren Beiträgen beachtliche Reichweiten. Immer häufiger stellen sich Presseabteilungen die Frage, ob dieser Personenkreis zu Presseveranstaltungen eingeladen werden soll.

Gibt es Erfolgsbeispiele, von denen Sie aus Ihrer Praxis berichten können?

Jedes Unternehmen, das entsprechende Dienstleistungen im Umfeld von Webmonitoring anbietet, wird über Erfolgsbeispiele berichten bzw. jedes Unternehmen wird seine Aktivitäten im Umfeld von Web 2.0 als erfolgreich darstellen. Ein schwäbischer Automobilhersteller nutzt selbst sehr umfassend Web 2.0-Tools, so zum Beispiel einen eigenen Blog oder Podcast. Der Nutzen dieser Aktivitäten ist jedoch gering, wenn Kunden gleichzeitig Schwächen an dem Produkt feststellen und diese in Foren und Blogs diskutiert werden. Erfolgreiche Beispiele im Umgang mit negativen Inhalten sind einfacher zu berichten. Wenn falsche oder beleidigende Inhalte im Internet identifiziert werden, liegt unsere Erfolgsquote, diese aus dem Netz zu entfernen, bei 90 Prozent.

Auf einen Nenner gebracht: Was bedeutet Marketing 2.0 für Unternehmen?

Dialog auf gleichem Niveau. Die Kunden untereinander haben bereits den Dialog begonnen, hier müssen sich Unternehmen einklinken. Dies führt zu neuen Aufgabenbereichen des Marketings, denn die Kommunikation mit den Kunden zählte bislang nicht zu den originären Aufgaben.

Wie sehen Sie aktuell die Professionalität beim Marketing 2.0 der Unternehmen?

Unternehmen bevorzugen es, Web 2.0-Anwendungen selbst zu testen und widmen den großen freien Foren, Blogs und sozialen Netzwerken zu wenig Aufmerksamkeit. Marketingabteilungen sind noch zu sehr an Kontaktpreisen und Reichweiten orientiert. So hat zum Beispiel das Bewertungsportal CIAO circa 38 Millionen Besucher pro Monat und damit eine sehr große Reichweite und ist so für die werbetreibende Industrie äußerst attraktiv. Doch was ist, wenn auf dem Portal die eigenen Produkte schlecht bewertet werden? Wie erfolgreich kann eine Werbekampagne zum Beispiel auf CIAO sein, wenn hier gleichzeitig negative Erfahrungsberichte gelesen werden?

Trend-Steckbrief

Marketing 2.0	
Definition	Neue Anforderungen im Umgang mit dem Kunden im Web 2.0. In den Dialog einklinken und glaubhaft agieren.
Trend-Kategorie	Marketingtrend
Treiber	• Zunehmende Internet-Nutzung • Zunehmende Verbreitung von Breitbandanschlüssen • Zunehmende Verbreitung von Flatrates • Vereinfachung der Internet-Technologie • Zunehmende Konsumentensouveränität
Cross-Impact	Authentizität
Projektion	Marketing 2.0 aktuell auf der Hype-Kurve; langsam aber kontinuierlich zunehmende Verbreitung und Relevanz.
Folgen	• Explosion des User Generated Content • „Nackte Konversation" nimmt zu • Neue Anforderungen an ein Web-Monitoring • Neue Anforderungen an das Marketing im Web 2.0
Fallbeispiele	Frostablog, Web Monitoring infospeed

c. Effektives Marketing: Den Return on Marketing (RoM) im Blick

Eingangs haben wir es ausführlich dargelegt: Viele Unternehmen befinden sich auf stürmischer See und sind mächtig unter Druck. Da muss an allen Ecken und Enden gespart und die letzte Reserve herausgeholt werden. Davon ist natürlich auch das Marketing betroffen. Oder vielleicht sollten wir eher sagen, davon ist gerade das Marketing betroffen. Denn dessen Leistungen geraten zunehmend unter Verdacht, reine Geldausgaben zu sein, ohne nachvollziehbar zum Unternehmenserfolg beizutragen. Auch der schnell nachgeschobene Hinweis, doch die Imagefacette „modern" in der letzten Marktforschungsstudie von 35 auf 42 Prozent gesteigert zu haben, verfängt nicht mehr. Das Marketing ist in der Pflicht.

Für geplagte Marketer heißt das zunächst mal ganz profan: Es steht weniger Geld zur Verfügung. Vieles, von Abteilungen und Personal bis hin zu Kampagnen und Marktforschung, steht auf dem Prüfstand. Vieles wird einfach gekürzt oder gestrichen. Mit dem Wenigen aber muss die gleiche bzw. eine bessere Wirkung erzielt werden. Schließlich agiert man in zunehmend schwieriger werdenden Umfeldern. Und diese Wirkung muss zukünftig eindeutiger, möglichst monetär, nachgewiesen werden.

Für die Zukunft ist an der Budget-Front kaum Besserung zu erwarten, was bedeutet: Die Herausforderung für das Marketing der Zukunft ist zweifach, nämlich zum einen Kosten zu reduzieren und zum anderen die Marketingwirkung zu erhöhen. Es gilt also, effizienter und gleichzeitig effektiver zu werden.

Als zentrale Zielgröße hat sich dabei der Return on Marketing (RoM) herauskristallisiert. Marketingbudgets werden immer weniger als reine Ausgaben, sondern als Investments aufgefasst. Hieraus möchte man gerne einen möglichst hohen Ertrag. Der Return on Marketing wird verschieden aufgefasst und definiert, von einem einfachen Maß, das den Ertrag aus jedem ausgegebenen Marketing-Euro ermittelt, bis hin zu kompletten Zielgrößensystemen, die komplexe Wirkungsgefüge berücksichtigen.

In eine Diskussion möchten wir hier nicht einsteigen. Schließlich muss jedes Unternehmen für sich entscheiden, wie der Return on Marketing definiert sein soll. Entscheidend ist hier, dass ein nachhaltiger Zwang zu Effizienz und Effektivität besteht und dass eine Kenngröße zunehmend Verbreitung findet, die diesen Zwang aufgreift und wortwörtlich auf eine Formel bringt.

Mit der Kenngröße allein ist es aber natürlich nicht getan. Es müssen Instrumente hinzukommen, die Effizienz und Effektivität steuern.

Beginnen wir mit dem Instrument des Marketing-Cockpit, das sich seit einigen Jahren zunehmender Beliebtheit erfreut und das insbesondere vom Institut für Marketing und Handel der Universität St. Gallen entwickelt und propagiert wird. Bereits der Begriff macht deutlich, was hier intendiert ist. Wie ein Pilot, der das Flugzeug und seine Passagiere mit den entscheidenden Anzeigetafeln und Stellhebeln sicher zum Zielort bringt, soll der Unternehmer seinen Betrieb zukünftig steuern können. Dabei hilft ihm das Marketing-Cockpit.

Das Marketing-Cockpit ist zunächst eine kompakte Aufbereitung von Kennzahlen. Die Darstellung der Kennzahlen ist mehrstufig. Auf der obersten Ebene werden Erfolgskennzahlen dargestellt. Dazu gehören finanzwirtschaftliche Ergebniskennzahlen, also Umsatz und Deckungsbeitrag, aber auch Kennzahlen zur Marktposition, also Bekanntheit und Marktanteil.

Auf der zweiten Ebene werden Kennzahlen dargestellt, die sich auf Kernaufgaben des Marketing beziehen. Zu den Kernaufgaben gehört die Erschließung von Kundenpotenzialen, also die Kundenakquisition, sowie die Ausschöpfung von Kundenpotenzialen, also die Kundenbindung. Für jede Kernaufgabe werden Kennzahlen definiert. Kennzahlen zur Kontrolle der Akquisitionsaktivitäten sind beispielsweise die Anzahl neuer Kunden, der Umsatz pro Neukunde sowie die Erfolgsquote von Angeboten. Kennzahlen zur Kontrolle der Bindungsaktivitäten sind beispielsweise die Kundenzufriedenheit, der Share of Wallet, also der Anteil am Portemonnaie des Kunden, sowie die Abwanderungsrate.

Unterstellt wird dabei ein Wirkungszusammenhang, also dass eine positive Entwicklung bei den Marketingkennzahlen zu einer positiven Entwicklung bei den Erfolgskennzahlen führt.

Sämtliche Kennzahlen, die bislang entweder überhaupt nicht oder nur sporadisch verfolgt wurden, werden für das Cockpit kontinuierlich festgehalten und errechnet. Kennzahlen, die bislang in das Hoheitsgebiet verschiedenster Abteilungen fielen, werden nun an einer Stelle zusammengeführt, optisch ansprechend aufbereitet und den relevanten Zielgruppen, dazu gehört nicht nur Marketing, sondern auch Vertrieb oder Produktentwicklung, für die Steuerung von Marketing- und Geschäftsaktivitäten zur Verfügung gestellt.

Entscheidend ist dabei, dass die Erstellung und Pflege nicht zum Großprojekt ausarten. Der Aufwand für das Beschaffen und Einpflegen der Kennzahlen muss überschaubar bleiben. Zudem muss das Cockpit benutzerfreundlich sein, also gut verständlich und kommunizierbar, auf die Anforderungen der Nutzer abgestimmt und in die entscheidenden Prozesse im Unternehmen integriert.

Das Marketing-Cockpit ist ein übergreifendes Instrument, um Marketing effizient und effektiv zu betreiben. Zunehmender Beliebtheit erfreut sich seit einiger Zeit zudem das Instrument der Kundensegmentierung. Hier geht es um eine spezielle Kernaufgabe des Marketing, nämlich darum, Kundenpotenziale gezielter und effektiver auszuschöpfen. Zentrale Zielgröße ist hier der Kundenwert, auch Customer Lifetime Value (CLV) genannt.

In der Vergangenheit hatten viele Ansätze zur Kundensegmentierung mit Problemen zu kämpfen. Sie waren eingebettet in CRM-Großprojekte, also in unternehmensweite Versuche, Kundenbeziehungen über alle Kontaktstellen und interne Prozesse hinweg effektiv zu managen. Das Allheilmittel war dabei in vielen Fällen die CRM-Software des jeweiligen Beratungsunternehmens. Die Software ist verkauft, die Berater-Tagewerke längst abgeleistet. Die Probleme ineffizienter und uneffektiver Kundenbearbeitung sind geblieben. Manche sagen, sie hätten sich verschärft.

Das hat zeitweilig zu einer CRM-Ernüchterung geführt. Aus dem Tal der versenkten CRM-Millionen sind aber viele Unternehmen wieder heraus. Es wird vielfach ein frischer Anfang gewagt. In einer weltweiten Studie von Bain & Company haben im Jahr 2000 50 Prozent der befragten Unternehmen angegeben, das Instrument der Kundensegmentierung eingesetzt zu haben, im Jahr 2007 waren es schon über 80 Prozent. Damit nimmt es Rang drei der populärsten Management-Tools ein.

Kundensegmentierung heißt zunächst ganz grundlegend, den Gesamtmarkt oder seinen Kundenstamm in Segmente oder Untergruppen aufzuteilen, in denen die Kunden ein ähnliches Profil aufweisen. Diese Aufteilung kann nach verschiedenen Kriterien erfolgen, nach Soziodemografie, nach psychologischem Kundenprofil oder nach Kundenwert. Für unseren Trend, nämlich Marketing-Lösungen für mehr Effizienz und Effektivität, sind dabei zwei Aspekte entscheidend:

Zum einen, dass zunehmend nach Kundenwert segmentiert wird. Dabei wird der Customer Lifetime Value (CLV) errechnet, also die Summe der Erträge, die im Verlaufe eines Kundenlebens zu erwarten sind.

Darauf aufbauend stellen sich Unternehmen die Frage nach dem Investitionsnutzen. Will unser Unternehmen diesen Kunden überhaupt? Bringt er uns genug? Ist es jene Kundenbeziehung wert, dass wir in sie investieren, sei es in Form von speziellen Angeboten, Beratung oder Service? Was können wir tun, um unseren Anteil am Customer Lifetime Value zu steigern, also möglichst viel aus dieser Kundenbeziehung herauszuholen? Welche Beziehung sollen wir beenden, da die Kosten den langfristigen Wert deutlich übersteigen?

Das Thema Kundensegmentierung ist nicht nur für Großunternehmen nützlich. Auch der mittelständische Handel kann davon profitieren, wie das nachfolgende Experteninterview verdeutlicht.

Norbert Medelnik

Fragen an Norbert Medelnik, Unternehmensberater und Spezialist für Fragen der Marktsegmentierungen

Was versteht man eigentlich genau unter Marktsegmentierung und worin besteht der Nutzen?

Neben Produkt-Differenzierung und Markt-Unifizierung ist die Marktsegmentierung eine von drei Marketing-Basisstrategien. Dabei werden die Konsumenten zunächst unterschiedlichen Gruppen zugeteilt und anschließend durch gruppenspezifische Marketingprogramme angesprochen. Somit umfasst die Strategie der Marktsegmentierung sowohl einen Marktforschungs- als auch einen Marktbearbeitungsaspekt. Durch Marktsegmentierung ergeben sich für das Unternehmen Wettbewerbsvorteile, welche sich in größeren Umsatzerfolgen bei geringeren Kosten manifestieren.

Ist diese Strategie auch für mittelständische Unternehmen interessant?

Der Nutzen der Marktsegmentierung ist grundsätzlich von der Unternehmensgröße unabhängig. Gerade mittelständische Unternehmen, deren Ressourcen im Vergleich zu Großunternehmen begrenzt sind, haben durch die Strategie der Marktsegmentierung die Möglichkeit, sich auf wirtschaftlich interessante Marktsegmente zu konzentrieren und dadurch im harten Wettbewerb langfristig zu bestehen.

Worauf ist zu achten, um die Strategie der Marktsegmentierung erfolgreich anzuwenden?

Eine erfolgreiche Anwendung der Strategie der Marktsegmentierung knüpft sich an mehrere Voraussetzungen. So kommt diese Strategie nur dann in Frage, wenn das zu vermarktende Produkt über eine ausreichend komplexe Warengestalt verfügt, sodass Spielräume für konsumentenseitig wahrnehmbare Gestaltungsvariationen vorhanden sind. Darüber hinaus muss in der betreffenden Branche ein gewisser Grad an Kaufverhaltensunterschieden existieren.

Nach welchen Kriterien soll man segmentieren?

Die Auswahl der Segmentierungskriterien stellt einen zentralen Erfolgsfaktor dar. Unterlaufen bereits an dieser Stelle Fehler, so sind alle folgenden Maßnahmen zum Scheitern verurteilt. Die Wahl der richtigen, also wirksam diskriminierenden Kriterien verlangt ein hohes Maß an Branchenkenntnis bzw. Marktforschungs-Know-how. Grundsätzlich gilt, dass eine Segmentierung nach sozio-ökonomischen Kriterien wie Alter, Geschlecht usw. heute längst nicht mehr ausreicht. Die Komplexität des modernen Konsumentenverhaltens verlangt nach mehrdimensionalen Segmentierungsansätzen, bei denen unterschiedliche Kategorien von Segmentierungskriterien in sinnvoller Art und Weise miteinander kombiniert werden. Dabei verlangt jede Branche nach einer individuellen Betrachtung.

Welche Segmentierungskriterien gibt es über die sozio-ökonomischen hinaus?

Prominente Autoren unterscheiden insgesamt zwischen vier unterschiedlichen Kategorien von Segmentierungskriterien. Über die Gruppe der sozioökonomischen hinaus sind dies beispielsweise allgemeine oder produktspezifische Einstellungen eines Konsumenten. Praktiker betonen die besondere Eignung der Kriterien des beobachtbaren Kaufverhaltens wie Kaufintervalle oder Durchschnittspreise als Ausgangspunkt der Marktsegmentierung. Insgesamt bleibt aber festzustellen, dass die unterschiedlichen Kategorien von Segmentierungskriterien unterschiedliche Stärken und Schwächen aufweisen. Diese Tatsache unterstreicht die Bedeutung mehrdimensionaler Segmentierungsansätze für die erfolgreiche Anwendung der Marktsegmentierung.

Wie könnte ein moderner Segmentierungsansatz aussehen?

Der Trend geht zu mehrstufigen Segmentierungsansätzen, deren Ursprung im Investitionsgütermarketing liegt. Der Vorzug dieser Ansätze liegt in einer hohen Effizienz und Übersichtlichkeit. So kann zunächst nach wirtschaftlichen und darauf aufbauend nach bedürfnisorientierten Gesichtspunkten segmentiert werden. Diese Vorgehensweise wurde bereits erprobt und eignet sich für die Anwendung in unterschiedlichen Branchen.

Für welche Branchen eignen sich diese modernen Segmentierungsansätze? Welche Segmentierungslösungen könnten sich für ein Unternehmen ergeben?

Die mehrstufigen, ökonomisch-bedürfnisorientierten Segmentierungsansätze eignen sich für alle Branchen, in denen Anbieter über Kundendaten des beobachtbaren Kaufverhaltens verfügen. Die Bandbreite verläuft heute unter anderem von der Finanzdienstleistungs- über die Augenoptik- bis hin zur Automobilbranche. So kann ein Automobilhandelsunternehmer seine Kunden auf einer ersten Stufe in mehrere Segmente unterschiedlicher wirtschaftlicher Bedeutung einteilen. Auf einer zweiten Segmentierungsstufe lassen sich unter anderem produktspezifische Nutzenaspekte bzw. Einstellungen einsetzen, beispielsweise, ob ein Kunde gegenüber Automobilen grundsätzlich eine positive, gleichgültige oder negative Einstellung besitzt. Je nach Zusammensetzung des Kundenstammes, welcher sich erfahrungsgemäß in Abhängigkeit von der Automobilmarke oder der geografischen Lage sehr unterschiedlich gestaltet, resultieren individuelle Segmentierungslösungen, beispielsweise vom Segment des technisch begeisterungsfähigen, anspruchsvollen Understatement-Kunden über das Segment der prestigeorientierten Karrierefrau bis hin zum mobilitätskritischen, Energie und Rohstoffe sparenden Umweltschoner. Im harten Verdrängungswettbewerb wird derjenige Anbieter klar im Vorteil sein, welcher seinen lokalen Markt professionell erforscht und die gewonnenen Erkenntnisse durch eine segmentspezifische Marktbearbeitung umsetzt.

Trend-Steckbrief

Effektives Marketing	
Definition	Die Herausforderung für das Marketing der Zukunft ist zweifach, nämlich zum einen die Kosten zu reduzieren und zum anderen die Marketingwirkung zu erhöhen. Es muss effizienter und gleichzeitig effektiver werden.
Trend-Kategorie	Marketingtrend
Treiber	• Budgetdruck in Unternehmen • Zwang zum Effektivitätsnachweis
Cross-Impact	
Projektion	Nicht nachlassender Effektivitätsdruck; zunehmender Einsatz und Verfeinerung von effektiven Instrumenten.
Folgen	• Return on Marketing (RoM) als zentrale Zielgröße • Marketing-Cockpit als Steuerungsinstrument • CLV zur Steuerung von Kundenbeziehungen • Neue Anforderungen an das Marketing im Web 2.0
Fallbeispiele	Marketing-Cockpit Universität in St. Gallen

3.5 Zukunfts-Schnellkursus III: Vertriebs-Trends

Nachdem wir uns relevante Marketingtrends angesehen haben, wenden wir uns nun den Vertriebstrends zu.

a. Große Einheiten auf dem Vormarsch: Filialbetriebe setzen sich durch

Wir alle können es tagtäglich sehen, die Innenstädte und Einkaufscenter werden immer monotoner. Man findet überall die gleichen Handelslabels. Die Filialisten haben sich durchgesetzt und dominieren insbesondere in den größeren und in den Großstädten.

Dieser Trend ist nicht aufzuhalten, da es den inhabergeführten Geschäften nicht gelang und nicht gelingt, im Wettbewerb mitzuhalten. Bereits 1980 konnte einer der Autoren im Rahmen einer Forschungsarbeit feststellen, dass der Erfolg einer Einzelhandelsagglomeration entscheidend vom Branchenmix und von der Dynamik der selbständigen Unternehmer abhängig ist.

Analysiert wurde seinerzeit der Citybereich einer 100.000 Einwohnerstadt. Damals waren über 80 Prozent der Unternehmen inhabergeführt und jeder fand in seinem begrenzten und klar definierten Sortiment sein Auskommen. Heute, fast 30 Jahre später, hat sich die Handelslandschaft in dieser Stadt dramatisch gewandelt, nur etwa jedes fünfte Geschäft ist ein inhabergeführtes Kleinunternehmen, mehr als 30 Betriebe sind von der Bildfläche verschwunden.

Wo sind sie geblieben? Warum dominiert auch in dieser Stadt das monotone Bild der Handelsfilialisten? Sicher, Nachfolger für die inhabergeführten Unternehmen fehlen. Vor allem aber wird klar, dass diese Unternehmer in den seinerzeit auslaufenden Zeiten der Bedarfsdeckung große strategische Fehler begingen.

Auf eine innovative Sortimentsgestaltung wurde verzichtet, eine landesweite Kooperation mit Branchenkollegen fand nicht statt und eine regionale Zusammenarbeit mit ergänzenden Branchen wurde erst gar nicht versucht.

Ein in den Zeiten der Bedarfsdeckung groß gewordener Unternehmer war auf einmal überfordert, alleine den Erfordernissen der Zeit gerecht zu werden. Investitionen in das Ladenlokal und in Marketing und Werbung wurden in den ertragsschwachen Zeiten dann völlig vernachlässigt, der Untergang war damit programmiert.

Somit ist es nicht verwunderlich, dass die professionell geführten Handelssysteme die Trends der Zeit aufgriffen und mit der richtigen Ware zur richtigen Zeit präsent waren.

Zur Monotonisierung des Einzelhandels wäre es nicht gekommen, wenn sich die inhabergeführten Unternehmen in Verbundgruppen, Einkaufskooperationen oder Franchisesystemen organisiert hätten. Wir wollen nicht verschweigen, dass es solche Alternativen in der Vergangenheit meist nicht gegeben hat. Gemeinsam die Trends der Zeit erkennen und über eine Bündelung des Einkaufs marktfähige Konditionen zu erhalten, wären Chancen zum Überleben gewesen.

Im Auftrag des Zentralverbandes Gewerblicher Verbundgruppen (ZGV) wurde eine grundlegende Studie mit dem Titel „Die Zukunft der Kooperationen" erstellt. Diese Studie wurde von Professor Dr. Joachim Zentes und der Münchener Unternehmensberatung IBB begleitet.

Dabei wurden die Strukturen und Strategien der maßgeblichsten und marktbedeutendsten Verbundgruppen analysiert. Die Haupterkenntnis der Studie: Nur die Kooperationen werden überleben, die Systempower effizient mit Unternehmertum vereinen und dabei alte Tabus brechen und neue Wege einschlagen.

Wir gehen noch einen Schritt weiter, denn nur die Einzelhändler mit einer entsprechenden Anbindung an eine solche Verbundgruppe werden in der Zukunft im Handel noch mitwirken können. Verschwinden werden Kooperationen, die reine Konditionensammelvereine sind, und Einzelkämpfer, die kein klares Profil aufweisen. Für diese bleiben nur die Nischen, aber davon gibt es zu wenige.

In der genannten Studie wurden auch sechs Erfolgsstrategien für das Future Business herausgearbeitet. Dies sind:

1. Mehrbranchenverbund: Suche nach neuen Wachstumspotenzialen, etwa durch das Erschließen einer anderen Branche.
2. Kooperation der Kooperationen: Ausschöpfen von Synergien mit anderen Kooperationen, Know-how-Austausch, gemeinsame Nutzung von Dienstleistungen, Zusammenführung von Kooperationen.
3. Dienstleistungs-AG: Ausbau von warenunabhängigen Dienstleistungen. Institutionalisierte Services werden optimiert und zu optimalen Kosten angeboten.
4. Verbundkonzern: Zentralisierung von Entscheidungsstrukturen, straffe Abwicklungssysteme zur Sicherung der Standorte und Potenziale.

5. Global Player: Aufteilung der länderspezifischen Funktionen auf die Landesorganisationen und Zentralisierung aller nicht-länderspezifischen Funktionen in einer übergeordneten Zentrale.
6. Network: Der Verwaltungsaufwand einer solchen Kooperation kann minimiert werden, da dort nur die Strategien entwickelt werden und das Know-how gebündelt wird.

Solche strategischen Ansätze sind bereits im Markt zu sehen. Einige davon finden wir beispielsweise im freien Markt für Pkw-Ersatz- und Verschleißteile, dem sogenannten Pkw-Aftermarket. Hier werden teilweise Milliardenumsätze über Kooperationen abgewickelt. Darüber hinaus wird aber auch die notwendige strategische Unterstützung zur optimalen Marktbearbeitung erbracht.

Funktionierende Verbundgruppen im innerstädtischen Einzelhandel werden auch monoton auftreten. Der Inhaber des Geschäftes bleibt aber, der seine individuellen Ideen und den wesentlichen Service einbringen kann.

Jörg Glaser

Fragen an Jörg Glaser, Geschäftsführer des Zentralverbands Gewerblicher Verbundgruppen, Berlin

Herr Glaser, wie viel Prozent der deutschen Einzelhändler gehören heute bereits einer Kooperation an?

Der Organisationsgrad im Einzelhandel liegt über alle relevanten Branchen hinweg bei circa 25 Prozent, wenn wir über klassische Verbundgruppen reden. Der differiert jedoch von Branche zu Branche und erreicht in der Spitze 70 bis 80 Prozent. Es gibt eine Faustregel: Je höher der Wettbewerbsdruck auf den jeweiligen Märkten, desto höher der Organisationsgrad. Im Einzelhandel mit Lebensmitteln oder Konsumelektronik ist ein selbständiges Handelsunternehmen ohne das „back office" der Verbundgruppe beispielsweise kaum noch denkbar und der Organisationsgrad ist deshalb hoch. Entscheidend ist auch weniger, wie viele Mitglieder/Anschlusshäuser von Verbundgruppen es gibt, sondern welche und wie viele Dienstleistungen und Waren der selbstständige Unternehmer von der Zentrale abnimmt. Wie allgemein bekannt herrscht das Prinzip der Selbstständigkeit und freiwilligen Kooperation.

Herr Glaser, wie hoch wird der Anteil der nicht kooperierten Einzelhändler am gesamten Handelsumsatz im Jahr 2020 noch sein?

Wenn wir von circa 500 Milliarden Umsatz als Basis per anno ausgehen und nur die Verbundgruppen des reinen Einzelhandels betrachten (da gibt es Unschärfen zum Großhandel und dem Handwerk), so werden circa 20 bis 30 Prozent der Verkaufumsätze des Einzelhandels über die Beschaffungs- und Vermittlungskanäle der Verbundgruppen gezogen. Aber auch hier gibt es eine breite Streuung und man muss jede Branche einzeln betrachten. Eine weitere Faustregel hilft: Je höher der Anteil des Beschaffungsvolumens eines Einzelhändlers, den er gemessen an seinem Gesamtvolumen über seine Zentrale bezieht (Innenumsatz der Gruppe), desto effektiver und wettbewerbswirksamer ist die Gesamtgruppe auf Absatz- und Beschaffungsmärkten. Das klingt simpel, ist aber die Kernaufgabe des Verbundgruppenmanagements. Und hier geht es nicht nur um die Warenbeschaffung, sondern auch um Betriebstypen, Marketing und Verkaufsförderung bis hin zu Franchisekonzepten, also die Verzahnung von Absatz und Beschaffung.

Einerseits hat sich in den letzten Jahren der Wettbewerbsdruck auf den Märkten erheblich verstärkt, das führte und führt zu einem stärkeren Zusammenrücken in Verbundgruppen. Andererseits brechen den Verbundgruppen die Mitglieder durch Nachfolge-, Standort- oder sonstige marktbedingte Vor-Ort-Problemstellungen weg.

Aus diesen Gründen beobachten wir einen seit Jahren relativ stabilen Organisationsgrad in den Märkten und zunehmende Innenumsätze, das wird sich so schnell auch nicht ändern.

Was müssen Verbundgruppen im Handel tun, um mit den professionell geführten Filialsystemen mitzuhalten?

Das Grundproblem, aber auch die Chance dieser einzigartigen Form der Zusammenarbeit ist die gebündelte Kreativität in Verbundgruppen: Die Vorschläge, Ideen und Marktstrategien werden mit den Nutzern, also den Mitgliedern und Anschlusshäusern gemeinsam in Gremien, Arbeitskreisen und Erfahrungsaustauschrunden entwickelt. Es gibt wohl kaum eine Unternehmensform, die ein so direktes und unmittelbares Feedback auf ihre zentralen Aktivitäten und Maßnahmen von ihren Kunden erhält. Und das liegt an der Grundstruktur einer Verbundgruppe: Der „Kunde" ist gleichzeitig auch „Inhaber" des Unternehmens und hat ein Interesse an dessen Weiterentwicklung.

Gleichzeitig stellt das aber auch die zentrale Herausforderung dar: Es müssen Strukturen her, zum Beispiel:

- Mitgliederakquisitionskonzepte
- Mitgliederberatungskonzepte
- Betriebsvergleiche
- Markenkonzepte
- Mitgliederratingsysteme
- Verbindliche Beschaffungskonzepte und vieles andere mehr.

Ein zentrales Ergebnis der ZGV Zukunftsstudie, die es auf den Punkt bringt, ist: *„100 Mal denken, 1 Mal entscheiden und 100 Mal anwenden"*.

Es gibt heute noch viele Branchen, in denen es noch keine Verbundgruppen gibt. Wird sich das ändern?

Das stimmt so nicht. Bislang haben wir in über 40 Branchen solche Systeme entdeckt, und zwar auf jeder Wirtschaftsstufe. Wir sind immer wieder erstaunt, in welchen Branchen es die unterschiedlichsten Formen von Verbundgruppen gibt: Von reinen Einkaufsgruppen über Dienstleistungs- und Servicekooperationen bis hin zu Marketinggemeinschaften und Franchisesystemen, die Grundstrukturen sind die gleichen. Problematisch ist einfach nur, dass viele Marktteilnehmer der Kooperationen sich unterschiedlichen „Begriffswelten" zurechnen.

Gibt es aus Ihrer Sicht Beispiele für Verbundgruppen, die bereits heute die von Ihnen herausgearbeiteten sechs Strategien beherzigen?

Auch hier gilt wieder der Satz, dass die Schwerpunkte der kooperativen Strategien von Branche zu Branche unterschiedlich gesetzt werden und auch innerhalb einer Branche die im Wettbewerb stehenden Verbundgruppen sich unterscheiden: Eine Intersport hat zum Beispiel einen sehr beachtlichen internationalen Markenauftritt erreicht, während der direkte Konkurrent, die Sport 2000, von einem ausgeklügelten Netzwerk der „Kooperation der Kooperationen" und dem Ansatz einer Dienstleistungsgruppe profitiert. Es wäre ja auch nicht wünschenswert, wenn alle Verbundgruppen die gleichen strategischen Maßnahmen in den Fokus setzen würden, dann würden die Gruppen ja keinen Beitrag zur Handelsvielfalt in den Innenstädten leisten können.

Trend-Steckbrief

Große Einheiten	
Definition	Organisation des Handels in Kooperation und Verbundgruppen zur Stärkung der Überlebensfähigkeit des einzelnen Betriebes.
Trend-Kategorie	Vertriebstrend
Treiber	• Internationalisierungsdruck • Wettbewerbsdruck in der jeweiligen Branche • Beschaffungsvorteile • Effektives Marketing • Einmal erfinden, vielfach umsetzen
Cross-Impact	Geiz bleibt geil
Projektion	Einzige Alternative zum Überleben in der Nische
Folgen	• Vereinheitlichung der Labels • Überleben inhabergeführter Unternehmen
Fallbeispiele	Intersport, ANRW/Sport 2000

b. Future Discount: Discount-Wachstum nach Geiz-ist-geil

Beim Thema Kundentrends haben wir bereits darauf hingewiesen: Geiz ist geil ist vorbei, aber die Verbraucher wissen es noch nicht. Sie laufen nach wie vor in die Discounter und kommen mit prall gefüllten Einkaufstaschen wieder heraus.

Der Discount hat die höchste Akzeptanz unter den Verbrauchern, sowohl was die Käuferbasis als auch was die Ausgaben anbelangt. Werfen wir einen Blick auf den Lebensmitteleinzelhandel (LEH): Hier haben Discounter die höchste Reichweite. Nach Angaben der Handelsforscher von A.C. Nielsen haben im Jahr 2007 fast 98 Prozent der Haushalte dort gekauft. Discounter weisen auch die höchste Besuchsfrequenz auf: 70 mal pro Jahr, also mehr als einmal pro Woche, sind deutsche Haushalte in einem Discounter anzutreffen. Dabei geben Sie durchschnittlich 17,99 Euro pro Besuch aus. Bei Aldi und Lidl gar 22 bzw. 20 Euro. Supermärkte und kleine Verbrauchermärkte können da nicht mithalten.

Die LEH-Discounter weisen also eine starke Position auf, die auch durch die Umsatzzuwächse in 2007 weiter gefestigt wurde. Lidl hat um fast 10 Prozent zugelegt, Netto um über 15 Prozent. Allerdings mehren sich seit einiger Zeit Stimmen, die auf die Grenzen des Discount-Wachstums, zumindest in der bislang bekannten Form, verweisen. Die Wachstumsraten in ihrem Kernsortiment, dazu zählen Lebensmittel, Getränke und Drogeriewaren, verlangsamen sich tendenziell. Der Vorzeige-Discounter Aldi hat gar erstmalig einen Umsatzrückgang von 1,5 Prozent zu verkraften. Die Discounter stünden am Scheideweg, heißt es.

In einer aktuellen Studie benennt die Unternehmensberatung Accenture mögliche Wachstumshemmnisse:

Zum einen verfügten die LEH-Discounter bereits über eine starke Marktdurchdringung. Discounter hätten in den vergangenen Jahren massiv expandiert. Mittlerweile könne jeder Deutsche innerhalb von zehn Minuten drei Discounter mit seinem Auto erreichen. Mehr Discount ginge einfach nicht. Attraktive Standorte seien immer schwerer zu finden. Neueröffnungen brächten meist nicht mehr die gewünschte Flächenproduktivität.

Zudem sei das Discount-Modell mittlerweile verwässert. Im Jahr 2007 seien die LEH-Discounter „erstmals Speerspitze der Preiserhöhung" gewesen, wie die Berater von Accenture bemerken. Seit Mitte 2007 seien die Preise deutlich erhöht worden. Im Dezember 2007 lagen sie fast 10 Prozent, im Januar 2008 gar gut 11 Prozent über den Preisen des Vorjahres. Der Preisabstand zu den Vollsortimenter wird nach wie vor gewahrt. Festzustellen bleibt aber, dass die Discounter eine ordentliche Preiswelle gemacht haben. Dagegen bietet auch der Wettbewerb mittlerweile ein wachsendes Sortiment von Eigenmarken und attraktiven Einstiegspreislagen. Supermärkte werben in Beilagen aggressiv mit niedrigen Preisen.

In den vergangenen Jahren verzeichneten Discounter im sogenannten Non-Food-Bereich ordentliche Wachstumsraten. Die Marktanteile sind bis 2005 kontinuierlich gestiegen. Mit Computern, Fernsehern, Haushaltswaren aller Art wurde gut verdient. Seitdem sind die Marktanteile aber rückläufig. Aktionsware bleibt immer öfter auch mal liegen.

Wie aber geht es weiter? Kommt das Wachstum zu einem Stillstand? Oder kommt es gar zu rückläufigen Markanteilen?

Zunächst einmal wird entscheidend sein, wie die Discounter mit dem demografischen Wandel umgehen. Einschlägige Forschung zeigt nämlich, dass jüngere Menschen und Familien mit Kindern deutlich mehr Geld in Discountern ausgeben. Mit zunehmendem Lebensalter wird die Bedarfsdeckung im Discount zunehmend weniger. Der Anteil der Discounter an den Gesamtausgaben für Lebensmittel, Getränke und Drogerieartikel beträgt gut 43 Prozent bei Auszubildenden und Studenten und nur noch gut 30 Prozent bei Rentnerhaushalten.

Stellt man nun die Überalterung der Gesellschaft in Rechnung, sieht es für die Discounter eher schlecht aus. Die Kernzielgruppe schmilzt zusammen, nach Berechnungen von Accenture liegt im Jahr 2020 die Zahl der Haushalte in „Discounter-affinen Lebenswelten" nur noch bei 28 Prozent. Aktuell sind es 31 Prozent. Die Zahl der Haushalte in „Discount-fernen Lebenswelten" wird dagegen von 40 Prozent im Jahr 2007 auf 45 Prozent im Jahr 2020 steigen.

Festzuhalten ist dabei jedoch, dass die Discounter davon unterschiedlich betroffen sind. Aldi ist in allen Altersgruppen und Lebenslagen relativ gut verankert. Zudem gilt dies nur, wenn die Neigung zum Discount weiterhin das gleiche Muster zeigt, nämlich je älter, desto weniger. Gelingt es den Discountern, die Neigung zum Discount über die weiteren Altersstufen und Lebenslagen hinweg zu stabilisieren, muss die Überalterung kein Schreckgespenst sein.

Wo aber liegen nun Chancen für weiteres Wachstum? Der Discount-Experte Thomas Roeb, Professor für Handelsbetriebslehre an der Fachhochschule Bonn-Rhein-Sieg und mit Erfahrung als Bereichsleiter Verkauf bei Aldi Süd, sieht Chancen zunächst im Filialnetz. Fast alle Discounter hätten noch Potenzial für Neueröffnungen. Für Aldi Nord beziffert der Experte das Potenzial auf 300 Filialen, bei Aldi Süd auf 400, für Lidl und Netto gar auf 1.100 und 1.200 Filialen im gesamten Bundesgebiet.

Aber auch qualitative Wachstumschancen sieht der Experte, und zwar in der Verbesserung der Einkaufsatmosphäre und einem Trading Up der Filialen. Dazu gehören so grundlegende Dinge wie eine fortlaufende Reinigung und Entsorgung der Kartons, angenehme Beleuchtung und Farbgestaltung sowie auch Schulungen für Mitarbeiter.

Hinzu kommen Wachstumschancen durch das Sortiment. Der Wettbewerb zwinge die Discounter, neue hochwertige Warengruppen zu listen. In der Vergangenheit gehörten dazu frische Backwaren, Joghurt oder Lachs. Zusätzlich würden einfache Artikel durch hochwertige ersetzt.

Vor allem aber wächst das Sortiment rein quantitativ, und zwar massiv. Nach Analysen von Professor Roeb hat eine Lidl-Filiale im Jahr 2003 1.253 Artikel geführt, heute sind es stolze 1.945 (+55 Prozent). Ähnliche Tendenzen zeigen sich bei Aldi, wo die Zahl der Artikel im gleichen Zeitraum von 735 auf 1.045 (+42 Prozent) zugelegt hat. Wachstumsmotor sind Markenartikel, deren Anteil am Umsatz der Discounter kontinuierlich zunimmt. Das Ende der Fahnenstange ist also noch nicht erreicht.

Dies wird auch deutlich, wenn wir unseren Blick vom LEH-Discount weg auf die Handelslandschaft generell richten. Auch hier wird der Discount zulegen. Nach Einschätzen des Trendexperten Ulrich Eggert werden folgende Discount-Formen stark wachsen:

- Near-Discounter, die preisaggressiv im Markt auftreten, sich jedoch insgesamt ein Lifestyle-Image geben und damit nicht als Discounter wahrgenommen werden. Beispiele sind H&M oder IKEA.
- Fachdiscounter, also Fachmärkte mit Discountorientierung, die über ein umfassendes Kernsortiment verfügen, preislich klar unter dem Fachhandel positioniert sind und auf Beratung und Service weitestgehend verzichten.
- Online-Discounter

Interview mit einem Discount-Experten mit jahrelanger Führungserfahrung bei verschiedenen Discountern. Dieser berichtet aus einer üblicherweise verschlossenen Welt und möchte namentlich nicht in Erscheinung treten.

Werden die Discounter in Deutschland weiter wachsen?

Auf alle Fälle. Für das rein quantitative Wachstum gibt es – allen Unkenrufen zum Trotz – noch weitere Potenziale, selbst in den Ballungsgebieten. Damit meine ich nicht nur eine zunehmende Anzahl von Standorten, sondern auch den flächenmäßigen Zuwachs durch Erweiterungen oder Umzüge.

Die Nähe zum Einkaufsort bleibt, gerade in Zeiten steigender Treibstoffkosten, eines der Hauptkriterien zur Wahl der bevorzugten Einkaufsstätte.

Für den Discount bedeutet Nähe zum Kunden aber nicht nur die räumliche Nähe, sondern auch die Nähe zu deren Bedürfnissen. Die konsequente Kundenorientierung wird den Discountern in Zukunft auch ein qualitatives Wachstum bescheren.

Wer hätte 1980 daran gedacht, dass man bei Discountern indirekt beleuchtete Regale für dekorative Kosmetik finden würde oder dass Salate und empfindliches Gemüse durch Nebeltröpfchen per Ultraschall oder Hochdruck taufrisch gehalten würden? Auf Sicht haben die Discounter weiterhin die Nase vorn. Sie bieten ihren Kunden dank schlankerer Strukturen und niedrigerer Kostenblöcke die Möglichkeit, mehr von ihrem verfügbaren Einkommen für andere Zwecke zu verwenden.

Wo sehen Sie Wachstumsgrenzen?

Das Flächenwachstum darf nicht darüber hinwegtäuschen, dass wir in Zukunft mit konstanten Umsatzpotenzialen im LEH rechnen müssen. Die einhergehende Verringerung der Flächenproduktivität macht deutlich, in welchem Maß die Kostenführerschaft weiter an Bedeutung für den dauerhaften Markterfolg der unterschiedlichen Formate gewinnt.

Wachstumsgrenzen sehe ich im Bereich des diskontierenden LEHs dort, wo Discount als starres Konzept umgesetzt wird. Discount lebt und atmet mit jeder Anpassung an die Marktgegebenheiten.

Wird es Konzentrationen auf der Ebene der Discounter geben?

Derzeit sind wir ja Zeuge eines Konzentrationsprozesses, der im Rahmen der Übernahme von PLUS durch die EDEKA-Gruppe für veränderte Marktbedingungen sorgt.

Wenn man sich den Kreis der Discounter im Inland anguckt, fallen hier nicht mehr viele potenzielle Übernahmekandidaten auf. Im Ausland gibt es neben der Präsenz aus dem Discounter-Stammland durchaus einige Kandidaten, die als discount-nah gelten und interessant werden können.

Welche Sortimente werden die Discounter zukünftig noch angehen?

Interessant sind vor allem die Sortimente, die in einer discountgerechten Art in den Filialen mit geringem Aufwand abbildbar sind und ökonomisch Sinn machen.

Auch hier folgt der Discount den Erwartungen und Wünschen seiner Kunden. So wurde das ursprüngliche Sortiment bereits in der Vergangenheit ausgedehnt auf dekorative Kosmetik, Frischfleisch und -geflügel sowie Produkte aus biologischem Anbau, um nur einige Beispiele zu nennen.

Bedürfnisse wie „gesund genießen", „Wellness und sich wohlfühlen" werden Verbrauchergewohnheiten in Zukunft noch stärker prägen. Auch die steigende Zahl an Single- und Zwei-Personen-Haushalten hat einen Einfluss auf das Kaufverhalten, ebenso wie die Verlagerung der Altersstruktur in der Bevölkerung.

Diese Entwicklungen bieten Nischen im Rahmen der Sortimentspolitik. Derzeit werden einige neue Sortimentsbausteine auf ihre Akzeptanz bei Discount-Kunden wie auch auf ihre Discount-Tauglichkeit hin untersucht.

Die Stärke des Discounts darf dabei aber nicht aus den Augen verloren werden. Bestehende Artikel und Sortimente müssen regelmäßig wieder auf den Prüfstand, um ihre Präsenz in der Fläche zu rechtfertigen.

Werden die Discounter zukünftig die Online-Aktivitäten verstärken?

Derzeit handelt es sich bei der Online-Aktivität zumeist auf den Hinweis über laufende und kommende Angebote, Filialfinder etc. Richtige Shops sind zum Beispiel eher die Ausnahme. Meines Erachtens wird das Internet auch weiter genutzt werden, um beispielsweise Zusatzangebote wie Reisen „sprechender" darzustellen, als es mancher Handzettel vermag. Ein Online-Discounter an sich macht – gerade bei den zunehmend wichtigen Frische- und Convenience-Bausteinen – wenig Sinn. Die Mischung aus Versandhandel und Frischdienst/Heimservice gehört auf mittlere Sicht nicht zur Kernkompetenz der Discounter.

In welchen Branchen sehen Sie neue Discountsysteme in der Zukunft?

Grundsätzlich muss man feststellen, dass Discount mehr ist, als „nur" billig. Dahinter steht eine durchgängig optimierte Wertschöpfungskette, die marktgängige Artikel zu minimalen Kosten an die Frau oder den Mann bringt.

Ein Discount-Gedanke funktioniert nur dort, wo mündige Verbraucher selbst in der Lage sind, darüber zu urteilen, ob ein Produkt oder eine Dienstleistung ihren Bedürfnissen und Erwartungen entspricht. Je standardisierter die Waren oder Dienstleitungen sind, desto besser ist die Branche für die Umsetzung eines Discount-Konzepts geeignet. Ansätze sieht man bereits heute zum Beispiel bei Banken und Versicherungen wie auch bei Apotheken.

Trend-Steckbrief

Future Discount	
Definition	Zunehmendes Wachstum der Discounter.
Trend-Kategorie	Vertriebstrend
Treiber	• Potenzial für Neueröffnungen • Verbesserung der Einkaufsatmosphäre, Trading Up • Sortimentserweiterung • Zunehmendes Angebot von Markenartikeln • Wachstum von Online-Discountern • Wachstum von Near-Discountern, Fachdiscountern • Geiz bleibt geil
Cross-Impact	Überalterung, Geiz bleibt geil
Projektion	Moderates Wachstum des LEH-Discounts, starkes Wachstum von neuen Discount-Formaten
Folgen	• Weitere Durchdringung mit Discount-Formaten • Preisorientiertes Verkaufen geht stärker in die Fläche • Der traditionelle Handel verliert weiter
Fallbeispiele	H&M

c. E-Commerce im Multi-Channel-Passspiel

Kommen wir zum letzten unserer Vertriebs-Trends. Man mag es kaum glauben, es ist das Internet. Die Haltung zum Internet hat verschiedene emotionale Phasen durchlaufen, anfänglich war man Feuer und Flamme, danach kamen Skepsis und Frustration auf. Nunmehr ist ein gewisser Realismus eingekehrt, was die geschäftlichen Möglichkeiten des Internets anbelangt.

Diese sind nicht so phänomenal, wie ursprünglich prognostiziert, aber auch nicht so schlecht, wie später schwarzgemalt wurde. Das Online-Geschäft mit dem Privatkunden steigt nämlich weiterhin deutlich an.

Der Hauptverband des Deutschen Einzelhandels (HDE) beziffert die E-Commerce-Umsätze für das Jahr 2008 auf 20 Milliarden Euro. 2007 waren es noch 18,3 und 2006 16,3. Man sieht also, es ist Bewegung im Online-

Geschäft. Besonders deutlich wird das, wenn man den aktuellen Gesamtumsatz mit dem Jahr 1999 vergleicht. Damals lag der Umsatz bei 1,25 Milliarden Euro. In neun Jahren hat sich der Umsatz damit um das 16-fache erhöht.

Auch der Umsatzanteil der online verkauften Produkte und Services hat klar zugenommen, wie das E-Commerce-Center Handel (ECC) nachgerechnet hat. Hier einige Zahlen:

- Sieht man sich zunächst Unternehmen an, die über einen eigenen Online-Vertrieb verfügen, dann zeigt sich: Über alle Produktgruppen hinweg lag der online-basierte Umsatzanteil bei 17 Prozent im Jahr 2004 und bei 29,5 Prozent im Jahr 2006.
- Bei Unternehmen ohne eigenen Online-Vertrieb hat der online-basierte Umsatz von 5,2 Prozent im Jahr 2004 auf 7,9 Prozent im Jahr 2006 zugenommen.
- Dies wiederum ist je nach Branche recht unterschiedlich. Reisen und Veranstaltungen sind stärker online-basiert. Hier lag der Umsatzanteil bei Unternehmen mit und ohne eigenen Online-Vertrieb bei 21 Prozent im Jahr 2004 und bei 30 Prozent im Jahr 2006. Bei Bekleidung, Elektrogeräten und Haushaltswaren nimmt der online-basierte Umsatz ebenfalls zu, aber auf einem geringeren Niveau. 2004 waren es 5 Prozent, 2006 sind es 7 Prozent.

Dies sind gute Gründe, weiterhin auf das Internet als Vertriebsweg zu setzen. Nicht umsonst hat Prof. Christian Homburg von der Universität Mannheim, international einer der führenden deutschen Betriebswirte, den E-Commerce unter „Die sieben stärksten Vertriebstrends" eingeordnet.

Verstärkt wird die Relevanz des Internets, wenn es in ein Multikanalsystem eingebunden ist. Der Kunde kann dann auf verschiedensten Wegen mit dem Unternehmen in Kontakt treten. Gekonnt betrieben, fördert ein Passspiel zwischen den Kanälen den Anbahnungs- und Umsatzerfolg.

Schauen wir uns dazu an, welchen Wert das Internet für Unternehmen haben kann. Nach Kai Hudetz, Geschäftsführer des E-Commerce-Center Handel (ECC), umfasst der Wert folgende Komponenten:

- Mehrumsatz, also Umsatz, der ohne das Internet nicht realisiert worden wäre,
- Kaufanbahnung, die über das Internet erfolgt und zu anderen Kanälen überleitet,
- weitere Wertbestandteile, hierzu sind Effekte auf das Image oder die Kundenzufriedenheit zu rechnen.
- Dem Mehrumsatz über das Internet steht die Kannibalisierung durch das Internet gegenüber, also Umsatz, der ohne das Internet im stationären Handel realisiert worden wäre.

Was bedeutet das für nun für ein Unternehmen? Welchen Wert stellt das Internet insgesamt dar, wenn man versucht, die verschiedenen Komponenten zu berechnen und gegeneinander abzuwägen? Hudetz und sein Team am ECC geben ein Rechenbeispiel für ein Handelsunternehmen mit Ladengeschäften und eigenem Online-Shop:

31,7 Prozent des online getätigten Umsatzes geht auf Kosten des stationären Umsatzes, ist also Kannibalisierung des Ladengeschäftes. 68,3 Prozent des Online-Umsatzes dagegen ist echter Mehrumsatz, der ohne den eigenen Online-Shop nicht zustande gekommen wäre. Zusätzlich gehen 8,6 Prozent des Umsatzes, der im Ladengeschäft getätigt wurde, auf die Kaufanbahnung im Internet zurück, und zwar im Internet generell als auch auf der Website des Unternehmens. Insgesamt bringt das Internet damit einen positiven Netto-Effekt.

Wichtig ist dabei, dass der Effekt höher ist, als wenn nur ein Ladengeschäft oder nur ein Online-Shop betrieben würde. Wir haben es hier nicht mit einem Nullsummen-Spiel zu tun. Wer beides bietet, online und offline, ist klar im Vorteil. Erforderlich ist dabei natürlich ein gekonntes Passspiel zwischen den Kanälen.

Bislang haben wir nur den Doppelpass von Internet und Ladengeschäft betrachtet. Weitere Kanäle sind einzubeziehen. Je mehr Spieler beteiligt sind, desto schwieriger ist es natürlich, den Ball in den eigenen Reihen zu halten. Ein Multi-Channeling in Höchstform ist gefordert.

Schauen Sie einmal auf die aktuelle Homepage von ATU (Auto Teile Unger). Seit kurzem können Sie jetzt selbst exotische Autoersatzteile online erwerben. Die Teile werden zum Selbsteinbau nach Hause gesandt, können aber auch in einer der vielen Filialen persönlich abgeholt werden. Der Einbau in der ATU-Filiale ist natürlich eine weitere Option.

Trend-Steckbrief

E-Commerce	
Definition	Zunahme des E-Commerce-Geschäftes. Zunehmende Umsatzbedeutung für Unternehmen.
Trend-Kategorie	Vertriebstrend
Treiber	• Zunehmende Internet-Nutzung • Zunehmende Konsumentensouveränität • Sicherheit bei Zahlungsmethoden • Optimierung von Design und Bedienbarkeit • Optimierung der Technik • Einbindung in ein Multi-Channelsystem
Cross-Impact	Future Discount
Projektion	Kontinuierliches Wachstum des E-Commerce, branchenspezifische Wachstumsraten
Folgen	• Vom neuen Vertriebskanal zur festen Säule • Zunehmende Anforderung an Multi-Channeling-Kompetenz • Kombination mit dem stationären Handel
Fallbeispiele	Amazon, ATU

4.
Ein schlagkräftiger Prozess für die Zukunftsarbeit

Unser Trend-Schnellkursus soll einen ersten Überblick über zukünftige Herausforderungen und einen schnellen Einstieg in die Zukunftsarbeit ermöglichen. Trendwissen alleine nützt aber wenig. Es kommt darauf an, Trendwissen in Zukunftserfolge umzuwandeln.

Dazu benötigen Sie einen schlagkräftigen Prozess für die Zukunftsarbeit, den wir hier im Überblick skizzieren und in den folgenden Abschnitten im Detail darstellen wollen.

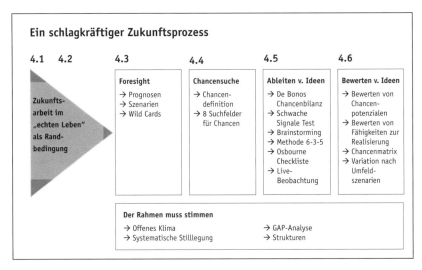

Abbildung 10: Ein schlagkräftiger Zukunftsprozess

Zunächst schauen wir uns die Rahmenbedingungen für Zukunftsarbeit an, wie man sie verbreitet im Alltag von Unternehmen und Organisationen antrifft. Daraus leiten wir erste Schlussfolgerungen und Anforderungen ab, denen ein schlagkräftiger Zukunftsprozess genügen muss.

4.1 Wider den vorherrschenden Trend-Fokus

Wenn es um das Thema Zukunft geht, stehen die Think Tanks der Großunternehmen meist im Mittelpunkt. Shell und die Shell-Szenarien sind das bekannteste Beispiel. Zudem stehen meist die heißen Branchen und die schicken Produkte im Fokus. Internet Start-Ups, der Post-It von 3M und insbesondere der iPod von Apple dürfen nicht fehlen.

Dass die Aufmerksamkeit hierauf gerichtet ist, ist verständlich, die Fallbeispiele sind auch überzeugend. Problematisch ist jedoch, dass dieser starke Fokus nur bedingt der Realität entspricht. Wir versuchen daher, das echte Leben gegen den verbreiteten Trend-Fokus zu seinem Recht zu verhelfen.

Trend-Fokus: Große Unternehmen
Echtes Leben: Das Gros der Unternehmen in Deutschland gehört zu den KMU, ist klein- und mittelständisch. Die Mehrzahl der Deutschen ist hier beschäftigt. Wesentliche Wirtschafts-, Innovations- und Exportleistungen werden hier erbracht. Eine Spezialität der deutschen Unternehmenslandschaft sind die sogenannten „Hidden Champions", überwiegend mittelständisch geprägte Unternehmen mit herausragender Marktposition in ihren speziellen Weltmärkten, und zwar die Nummer 1 in Europa oder Nummer 1, 2 oder 3 auf dem Weltmarkt. Ihr Bekanntheitsgrad in der Öffentlichkeit ist gering, wie Professor Hermann Simon in seiner Studie über die heimlichen Gewinner zeigt. Sie sind aber äußerst überlebensfähig und erfolgreich, vor allem dank ihrer Innovationserfolge.

Trend-Fokus: Observatorien und Think Tanks
Echtes Leben: Was die Zukunftsarbeit in Großunternehmen anbelangt, werden zwei Organisationsformen unterschieden, die in einer Studie der Europäischen Kommission als Observatorium und als Think Tank bezeichnet werden:

- Im Observatorium arbeiten eigens dafür abgestellte Stäbe, um das eigene unmittelbare Umfeld aufmerksam zu beobachten und zu analysieren. Die Zukunftsanalysen werden von Branchenexperten erstellt. Zukunftsarbeit ist hier Spezialistenarbeit. Als Beispiel werden die Deutsche Bahn und IBM genannt.

- Im Think Tank dagegen wird stärker wissenschaftlich, das heißt methodenbewusster gearbeitet. Die Zukunftsanalysen gehen über die Branche hinaus und betreffen das weite Umfeld. Das Paradebeispiel ist Shell. Weitere Think Tanks sollen bei BASF, Daimler und Philipps zu finden sein.

Dr. Müller

Wir sprachen zu diesem Thema mit Herrn Dr. Müller, dem Verantwortlichen für Strategische Analysen bei T-Home, der Festnetzsparte.

Herr Dr. Müller, Sie verantworten unter anderem Market Intelligence in Ihrem Hause. Wie wichtig ist in Ihrem Aufgabengebiet das Thema Zukunftsarbeit?

Für ein Technologie-Unternehmen wie die Deutsche Telekom AG ist die permanente Beschäftigung mit der Zukunft von erheblicher Bedeutung. Wir agieren in einer extrem schnelllebigen Branche. Vergleichen Sie doch einmal die Entwicklung der Telekommunikation mit anderen Branchen, etwa der Automobilindustrie. Wir haben in der Telekommunikation in den letzten 20 Jahren grundlegende Änderungen gesehen: die Umstellung von analoger auf digitaler Vermittlungstechnik, die ihrerseits nun von IP Technologie abgelöst wird, die flächendeckende Verbreitung des Mobilfunks, die Nutzung breitbandiger Internet-Zugänge oder die Verteilung von TV Signalen über Telefonleitungen. Anhand dieser Beispiele wird klar: Wer sich nicht intensiv mit der Zukunft auseinandersetzt, hat in unserer Branche keine Überlebenschance.

Gibt es bei Ihnen einen Think Tank und wie sieht dieser aus?

Zukunftsarbeit ist in unserem Haus nicht auf eine einzelne Abteilung beschränkt. Wir setzen uns intensiv mit der Zukunft auseinander, und zwar sowohl auf Konzernebene wie auch in unseren drei operativen Geschäftseinheiten, also in Breitband- und Festnetzgeschäft, im Mobilfunk sowie im Systemgeschäft. Damit ist gewährleistet, dass die „Zukunftsarbeiter" – wie ich sie einmal bezeichnen möchte – in der Nähe des operativen Geschäftes angesiedelt sind. Teams, die sich mit Zukunftsfragen beschäftigen, gibt es beispielsweise in der Netztechnik, in der Produktentwicklung, im Marketing und natürlich in der Strategie. Die gemeinsame Klammer ist weniger organisatorisch als vielmehr prozessual, und zwar in Form unseres Strategieentwicklungs- und Planungsprozesses.

Was können Sie anderen Unternehmen raten, wie Zukunftsarbeit auszusehen hat?

In meiner Wahrnehmung besteht ein wesentlicher Erfolgsfaktor für vorbildliche Zukunftsarbeit darin, aus der Vielzahl an verfügbaren Informationen die relevante auszuwählen und diese dann möglichst umfassend, das heißt aus Sicht aller Unternehmensfunktionen zu bewerten. Weniger ist hier oft mehr. Wichtig ist, nicht nur bestehende oder erkennbare Trends fortzuschreiben. Stattdessen gilt es, konsequentes out-of-the-box-Denken zu fördern.

Entscheidend ist natürlich auch, die Ergebnisse dieser intensiven Beschäftigung mit der Zukunft nicht nur in dafür vorgesehenen Abteilungen zu belassen. Ebenso wenig reicht eine Hochglanz-Präsentation für den Vorstand. Stattdessen müssen die Ergebnisse automatisch in die Strategie- und Planungsprozesse auf Gesamtunternehmensebene einfließen und von dort über die Ableitung von Funktionalstrategien in die Unternehmensbereiche transportiert werden.

Viele Unternehmen, insbesondere mittelgroße und kleine, können sich ein Observatorium, geschweige denn einen Think Tank einfach nicht leisten. Sie können keine Abteilung für Zukunftsfragen schaffen. Sie können auch keinen Mitarbeiter abstellen, der sich ausschließlich mit der Zukunft beschäftigt. Zudem gibt es keinen formalisierten Zukunftsprozess. Zukunft ist hier Chefsache. Fallweise einbezogen werden langjährige und verdiente Mitarbeiter, aber auch Hoffnung weckende Nachwuchskräfte.

Trend-Fokus: Coole Branchen
Echtes Leben: Die meisten von uns arbeiten nicht in coolen Branchen. Wir tun ganz gewöhnliche Dinge. Wir haben mit ganz prosaischen Produkten und Services zu tun. Die erwähnten „Hidden Champions", die vor allem durch kontinuierliche Innovationen überleben, „zeichnen sich", wie Professor Simon sagt, „durch unauffällige Produkte aus". Dazu gehören Tierfutter für Zierfische, Stand- und Sitzheizungen, Rollleinen für Hunde, Fischverarbeitungsanlagen, Einkaufswagen und Gepäckkarren, Bahnkräne, anatomische Lehrmittel, also das Skelett für den Erste-Hilfe-Kursus usw.

Trend-Fokus: Frei fließende Kreativität in netzwerkartigen virtuellen Organisationen
Echtes Leben: Die meisten von uns sind keine Dauer-Kreativen. Wir sind einfach nur clever und verstehen unser Geschäft. Wir arbeiten auch nicht in Unternehmen ohne Grenzen. Unser Arbeitsalltag wird durch klare Hierarchien bestimmt. Die Hierarchie mag flacher geworden sein, einige Zwischenebenen wurden ja kurzerhand wegrationalisiert, aber es sie gibt nach wie vor.

Trend-Fokus: Innovations-Exzellenz
Echtes Leben: Die meisten von uns arbeiten nicht in Unternehmen mit ausgeklügelten Innovationsprozessen. Im echten Unternehmens-Leben wird viel durchgewurstelt, entsteht viel ungeplant oder auf Umwegen.

Trend-Fokus: Durchbruchs-Innovationen
Echtes Leben: Durchbruchs-Innovationen sind der Superstar unter den Innovationen, mit aller Aufmerksamkeit, die damit einhergeht. Aber auf einen Franz Beckenbauer kamen und kommen hunderte Katsche Schwarzenbecks. Ohne letztere läuft nichts. (Wir wissen, wovon wir reden, haben

wir doch jahrelang auf staubigen deutschen Hartplätzen den Schwarzenbeck gegeben, Deckers auf der linken, Heinemann auf der rechten Seite.) Auch unsere Innovationen sind meist wenig glanzvoll. Wir „erfinden" alltägliche Dinge.

4.2 Anforderungen an die Zukunftsarbeit

Wir halten fest: Der Unternehmensalltag im echten Leben mag (meist) wenig spannend sein, aber er ist zur Kenntnis zu nehmen. Für diesen Alltag ist eine angemessene Form der Zukunftsarbeit zu finden. Das wiederum bedeutet vor allem dreierlei:

- Die begrenzt verfügbaren Ressourcen müssen möglichst effektiv eingesetzt werden.
- Es müssen einfache Instrumente für den direkten Einstieg in die Zukunftsarbeit bereitgestellt werden.
- Zukunftsarbeit muss in die Routine unternehmerischen Entscheidens und Handelns integriert werden.

a. Effektiver Einsatz beschränkter Ressourcen

Den Managern, die sich mit der Arbeit an der Zukunft befassen, steht oft nur eine beschränkte Zeit hierfür zur Verfügung. Hamel und Prahalad sprechen von der „40/30/20"-Regel. 40 Prozent ihrer Zeit verwenden leitende Manager darauf, sich mit ihrem Umfeld zu befassen. Davon wiederum werden 30 Prozent darauf verwandt, drei, fünf oder mehr Jahre in die Zukunft zu blicken. Von diesen 30 Prozent schließlich werden 20 Prozent dafür eingesetzt, eine umfassende Zukunftsperspektive für das Unternehmen zu entwickeln.

Im Durchschnitt stehen also 40 von 30 von 20 Prozent, also 2,4 Prozent der Manager-Zeit für ein umfassendes Zukunftsmanagement zur Verfügung. Auf den Monat umgerechnet sind dies maximal sechs Arbeitstage pro Jahr.

Dies kann man wenig und völlig unzureichend finden, man kann auch mehr einfordern, wie Hamel und Prahalad dies tun. Unsere Erfahrung zeigt jedoch, dass ein erhöhter Zeiteinsatz nur bedingt und nur für einen begrenzten Zeitraum eingebracht wird. Das Dringende, also das Lösen von akuten Problemen, wird immer Vorrang vor dem Wichtigen, also der Arbeit an der Zukunft, haben. Für das Wichtige wird daher nie genügend Zeit vorhanden sein. Ein pragmatisches Zukunftsmanagement muss dies berücksichtigen.

Weiterhin ist zu bedenken, dass viele Unternehmen nicht in der Lage oder auch nicht willens sind, umfangreiche Budgets und Beratertage auf das Zukunftsmanagement zu verwenden. Ein verbreitetes Format für die Arbeit an der Zukunft ist nicht von ungefähr der Workshop. Dies hängt teilweise auch damit zusammen, dass die intensive Beschäftigung mit der Zukunft erst dann einsetzt, wenn die aktuelle Lage desolat und die Kasse bereits leer ist. Auch dies mag man beklagen. Aber auch hier kann man die Realität nur annehmen wie man sie antrifft.

Entscheidend ist, die vorhandene Zeit und das verfügbare Budget so effektiv wie möglich einzusetzen. Die gerade mal 3 Prozent der Arbeitszeit und der knappe Geldbestand in der Kasse müssen reichen, um eine maximale Hebelwirkung für die Zukunfts-Fitness des Unternehmens zu erzielen.

b. Instrumente zum direkten Einstieg

Wichtig ist weiterhin, dass die eingesetzten Instrumente zur Zukunftsarbeit schnell erlernbar und einfach zu handhaben sind. Dies ergibt sich schon aus den begrenzten Ressourcen. Eine Software für Szenarioprozesse anzuschaffen, steht meist nicht zur Debatte. Ebenso wenig die Bereitstellung eines Mitarbeiters, der zum Experten für Zukunftsmethoden ausgebildet wird. Es kommt auf den direkten Einstieg in die Zukunftsarbeit an. Allzu große Komplexität schadet nur.

Unterstützt wird dies von Wissenschaftlern, die die Prognoseleistung einfacher und komplexer Verfahren verglichen haben. Beispielsweise wurden verschiedene Methoden zur Berechnung von Zeitreihen einander gegenübergestellt, von einer simplen Fortschreibung der Zeitreihe über die Berechnung von gleitenden Durchschnitten bis hin zu komplizierten ökonometrischen Modellen. Dabei zeigte sich, dass einfache Verfahren den komplexen mindestens ebenbürtig sind, teilweise gar überlegen. Auch mit vergleichsweise einfachen Instrumenten lässt sich demnach viel bewegen, ohne wertvolle Erkenntnisse auslassen zu müssen.

c. Zukunftsarbeit ist Unternehmertum
Die Arbeit an der Zukunft darf kein einmaliges Projekt oder reines Spezialisten-Handwerk sein. Die Berechtigung von Trend-Gutachten, von externer Unterstützung oder von Zukunfts-Workshops ist unbestritten. Diese sollten aber vor allem Anstoß sein und Unterstützung liefern.

Entscheidend ist, dass die Arbeit an der Zukunft zur Routine, zum integralen Bestandteil alltäglichen Entscheidens und Handelns wird. Um mit Peter Drucker zu sprechen: Zukunftsarbeit ist Unternehmertum.

4.3 Future Foresight: Die eigene Zukunft vorausdenken

Der erste Schritt im Zukunftsprozess besteht darin, den Blick nach draußen, auf das Umfeld, zu richten. Leitende Fragestellungen sind: Was tut sich in meiner Branche, im unmittelbaren und weiteren Umfeld? Was wollen meine Kunden? Gibt es neue Wettbewerber? Unser Zukunfts-Schnellkursus kann erste Anhaltspunkte liefern. Entscheidend ist jedoch, das Umfeld für das eigene Unternehmen, die eigene Branche durchzudeklinieren und zu analysieren.

Den Blick in die Zukunft zu richten, heißt nicht, in aller Seelenruhe den weiten Horizont abzusuchen und seine Folgerungen daraus zu ziehen. Der Blick in die Zukunft muss mögliche Turbulenzen im Umfeld berücksichtigen.

In unserer Praxis stellen wir fest, dass sich die Zeitachse für viele Unternehmen verkürzt hat. In der Unternehmensplanung werden klassischerweise folgende Zeithorizonte genutzt: fünf bis zehn Jahre für die strategische Planung, zwei bis fünf Jahre für die mittelfristige Planung und ein Jahr für die operative Planung. (Der Sozialismus lässt grüßen!) Die strategische Planung spannt den Rahmen, innerhalb dessen mittelfristig und operativ geplant wird. Dabei werden stabile Umfelder und langfristige Entwicklungen unterstellt.

Zunehmend geht der Blick jedoch auf den Nahbereich. Viele Unternehmen haben mit der Schwankungsanfälligkeit der Aktienmärkte und dem Erwartungsdruck der Shareholder zu kämpfen. Flächendeckend macht die Vielzahl an Turbulenzen und Unsicherheiten im Umfeld den Unternehmen das Leben schwer.

Planungs- und Budgetprozesse berücksichtigen dies zunehmend. Neue Konzepte wie „Rolling Forecasts" und „Rollierende Budgetierung" sind mehr und mehr verbreitet. Dabei wird nur noch für kürzere Horizonte geplant. Weiter entfernt liegende Horizonte werden zunächst weniger detailliert angegangen und dann rollierend angepasst. Auch die Instrumente zum Blick in die Zukunft müssen für stürmische Zeiten gerüstet sein.

Die vielfältigen Ansätze und Methoden zum Future Forecast können wir hier nicht im Detail darstellen. Ein kurzer Hinweis muss an dieser Stelle genügen.

Instrumente zum Future Forecast

In der Unternehmenspraxis ist es relativ verbreitet, aktuelle Trends und Trendkennzahlen fortzuschreiben. Mit leichten Anpassungen nach oben oder unten wird dabei ein Marktvolumen, ein Kundenverhalten geschätzt, also in die Zukunft hinein verlängert. In stabilen Umfeldern ist dies durchaus gerechtfertigt. Auch in turbulenten Umfeldern ist dies nicht grundsätzlich falsch. Wir erinnern uns an John Naisbitt, der darauf hinwies, dass vieles sich zwar ändere, das meiste aber (mehr oder weniger) gleich bleibe.

Gleichwohl gilt es, Turbulenzen, Störereignisse und Risiken vorauszudenken und einzuplanen. Besonders bewährt haben sich dabei Szenarien und Wild Cards. Erstere skizzieren Entwicklungslinien, Zukunftswelten, die von der Standardwelt abweichen. Es wird also ein möglicher Zukunftsraum aufgespannt. Wild Cards behandeln Ereignisse, die aus heiterem Himmel über uns hereinbrechen und unsere Welt umkrempeln.

a. Szenarien

Szenarien sind ein viel diskutiertes und weit verbreitetes Instrument, um sich mit der Zukunft auseinanderzusetzen. Eine ausführliche Diskussion können wir hier nicht leisten. Wir wollen uns darauf beschränken, die Nutzung von Szenarien sehr grob in ihren Grundzügen zu skizzieren.

Herman Kahn, ein Schwergewicht der Zukunftsforschung, gilt als derjenige, der Szenarien erstmals im Rahmen von Zukunftsstudien nutzte. Sein Klassiker „Ihr werdet es erleben", 1967 veröffentlicht, gilt geradezu als die Geburtsstunde der Szenarioplanung.

Was ist nun eigentlich ein Szenario? Ein Szenario beschreibt eine zukünftige Situation sowie den Entwicklungsweg, der zu der zukünftigen Situation führt. In seinem Klassiker entwarf Kahn eine „Standardwelt", die sich aus der Verlängerung des aktuellen Zustandes in die Zukunft hinein ergibt. Man spricht hier auch von einem „überraschungsfreien Szenario", da mögliche Störereignisse meist nicht berücksichtigt werden. Ebenfalls werden mögliche Widersprüche zwischen Trends außer Acht gelassen.

Die Standardwelt war für Kahn der Ausgangspunkt für seine weiteren Überlegungen. Darauf aufbauend unternahm er nämlich sogenannte „kanonische Variationen", das heißt er traf alternative Annahmen und spielte verschiedene Entwicklungspfade durch. Kahn zeigte dabei keine Rücksichtnahmen oder Bedenken. Er versuchte auch, „das Undenkbare zu denken", wie der Titel eines weiteren Werkes lautete. (In dem genannten Werk ging es darum, Szenarien des Atomkriegs gedanklich durchzuexerzieren.)

Instrumente zum Future Forecast (Fortsetzung)

Mit dieser Methode erarbeitete Kahn mögliche Bilder der Zukunft und wies auf Wechselwirkungen, Ungewissheiten und Risiken hin.

Seit den Tagen von Herman Kahn hat sich die Arbeit mit Szenarien weiterentwickelt. Viele in Details unterschiedliche Ansätze wurden entwickelt. Im Kern haben sich dabei folgende Arbeitsschritte herauskristallisiert:

1. Problemanalyse: Zunächst ist die Aufgabenstellung genau zu definieren. Fragestellungen sind: Um welches Geschäftsfeld (Branche, Markt) geht es? Wer soll die Szenarien nutzen? Wozu sollen die Szenarien genutzt werden?

2. Szenariofeldbestimmung: Im nächsten Schritt ist das Szenariofeld zu bestimmen, also die Gesamtheit der relevanten Einflussfaktoren. Mögliche Einflussfaktoren werden bestimmt, gebündelt und nach Dynamik und Wirkungsstärke gewichtet. Zielsetzung ist, eine handhabbare Anzahl relevanter Einflussfaktoren zu erarbeiten. Man spricht dann von Schlüsselfaktoren.

3. Projektionen: Für die Schlüsselfaktoren werden Trendannahmen entwickelt. Zentrale Fragestellung dabei ist: Wie können sich die Schlüsselfaktoren im definierten Zeithorizont entwickeln?

4. Konsistenzprüfung: Im nächsten Schritt erfolgt eine Prüfung auf Konsistenz der Schlüsselfaktoren. Es wird analysiert, ob Konflikte und Synergien zwischen den Faktoren bestehen.

5. Szenariobildung: In sich stimmige, passende Schlüsselfaktoren bilden den Ausgangspunkt für den nächsten Schritt, nämlich die Entwicklung und Ausformulierung von Szenarien. Es empfiehlt sich, mindestens vier und maximal sechs Szenarien zu konstruieren. Damit stehen genügend Alternativen für das Zukunftsdenken zur Verfügung, ohne dass man in der Vielzahl der Alternativen den Überblick verliert. Die Szenarien müssen inhaltlich ausformuliert und mit einem schönen Etikett benannt werden.

6. Störereignisanalyse: Die entwickelten Szenarien werden anschließend mit Störereignissen getestet. Wir kommen unter dem Stichwort Wild Cards noch darauf zu sprechen.

7. Wirkungsanalyse: Schließlich wird geprüft, welche Auswirkungen die Szenarien für einzelne Geschäftsfelder oder ganze Branchen haben.

8. Szenario-Transfer: Darauf aufbauend werden Strategien angepasst und Maßnahmen eingeleitet.

Instrumente zum Future Forecast (Fortsetzung)

Die vorgestellten Arbeitsschritte können durch Analysen und Bewertungen einzelner Personen oder Gruppen erbracht werden. Diese Variante ist vor allem im angloamerikanischen Raum gebräuchlich. Auf mathematische Algorithmen sowie spezielle Szenario-Software wird dabei verzichtet. Das Verfahren ist dadurch weniger komplex und für die Rahmenbedingungen in den meisten Unternehmen besser geeignet.

b. Wild Cards

Wild Cards sind überraschende Störereignisse mit weitreichenden Folgen. Sie sind wenig wahrscheinlich, ohne dass wir genau angeben könnten, wie unwahrscheinlich sie sind. Wenn sie aber eintreten, haben sie umwälzende Wirkungen, sie „ziehen einen Rattenschwanz von Folgen wachsender Dimension nach sich", wie der Zukunftsforscher Karlheinz Steinmüller, Experte auf dem Gebiet der Wild Cards, dies beschreibt.

Ein Beispiel hierfür ist der 11. September. Keiner hat damit gerechnet. Plötzlich, aus heiterem Himmel, schlagen die Terroristen zu und treffen die westliche Welt an einem symbolischen Punkt.

Die Folge davon ist „ein Erdbeben der geistigen Landkarte", wie Steinmüller dies nennt. Man blickt anders auf die Welt, unser Bezugssystem und unser Weltbild haben sich verschoben. Aber auch unser nachfolgendes Handeln und unsere Handlungsspielräume haben sich verändert.

Wild Cards können in verschiedenen Sphären auftreten, es gibt
- finanzielle Wild Cards: Zusammenbruch der Weltfinanzmärkte
- politische Wild Cards: Zusammenbruch der UNO, neues Wettrüsten
- ökologische Wild Cards: Auftreten einer weltweiten Epidemie, ein neues Tschernobyl
- technologische Wild Cards: Zusammenbruch der E-Welt, Brennstoffzellen-Durchbruch

Im Anschluss an den 11. September hat es Stimmen gegeben, die darauf hinwiesen, der 11. September hätte verhindert werden können. Anzeichen, auch Warnungen hätte es genug gegeben. Man hätte nur nicht reagiert. Sicherlich lässt sich dies im Nachhinein immer leicht behaupten. Es stimmt jedoch, dass Signale da waren. Wild Cards, so unvorhergesehen sie auch für die meisten Betroffenen sein mögen, sind also nicht gänzlich unvorhersehbar.

Instrumente zum Future Forecast (Fortsetzung)

Damit stellt sich die Frage, wie Wild Cards erkannt werden können. Man ist fast versucht zu sagen: Gar nicht. Viele Signale sind derart schwach, ihre Einordnung derart schwierig, dass es zu einem äußert problematischen Unterfangen wird, eine Wild Card zu erkennen.

Bewährt haben sich Brainstormings. Dabei wird die Frage, was unser Unternehmen unvorhergesehen treffen oder einen Markt komplett umkrempeln könnte, gestellt. Erste Ansätze und Ideen werden gesammelt. Dabei ist wichtig, nicht allein auf Daten und Fakten zu vertrauen. Intuition und Phantasie sind durchaus gefragt. Weiterhin empfiehlt sich, Publikationen zum Thema Wild Cards, aber auch Bücher von Science Fiction-Autoren aufmerksam zu lesen.

Die so ermittelten Wild Cards müssen dann in einem weiteren Schritt detaillierter bewertet werden. Steinmüller empfiehlt folgende Bewertungsfragen:

- „Worin besteht das Störereignis?
- Wie hoch ist – grob geschätzt – die Eintrittswahrscheinlichkeit?
- Ist praktisch sofort oder schon sehr bald mit einem Eintreten zu rechnen?
- Wer ist primär betroffen – welche Personengruppen oder Branchen, welche geografischen Regionen etc.?
- Welche unmittelbaren und welche mittelbaren Wirkungen auf die Gesellschaft als Ganzes, auf einzelne Branchen werden ausgelöst?
- Mit welcher Dynamik könnten sich die Wirkungen entfalten – langsam und zeitversetzt, oder praktisch augenblicklich?"

Auf Basis der Analyse kann ein Unternehmen dann Vorsorge für Überraschungen mit weitreichenden Folgen treffen.

4.4 Chancensuche: Der Schatzinsel auf der Spur

Im Rahmen des Future Foresight wurde die Zukunft für die eigene Branche, das eigene spezielle Umfeld beschrieben und analysiert. Dies ist natürlich kein Selbstzweck. Aus dem Wissen müssen Taten folgen.

„Der Mensch ist ein Tier, das Chancen jagt", sagen die Autoren Maxeiner und Miersch. Im Folgenden geht es also darum, Chancen aus der Umfeldentwicklung abzuleiten.

Der Fokus soll dabei explizit auf Chancen gerichtet sein. Natürlich bestehen auch Gefahren und Risiken im Umfeld, und zwar zukünftig mehr denn je. Wir erinnern uns: In einigen Jahren werden weniger als 30 Prozent ungestört ihrem Kerngeschäft nachgehen können. Unser Ansatz ist jedoch, konstruktiv-optimistisch an die Zukunft heranzugehen und eine Angstfixierung auf Risiken zu vermeiden. Risiken werden demnach als Chancen aufgefasst. Dies fördert den Optimismus, setzt die notwendige Energie frei und schafft damit überhaupt erst die Bedingungen, die Arbeit an der Zukunft erfolgreich in Angriff zu nehmen.

a. Was ist eine Chance?

Die Chancensuche kann nur dann erfolgreich sein, wenn man weiß, nach was man eigentlich genau suchen soll. Zunächst stellt sich also die Frage, was eigentlich unter einer Chance zu verstehen ist.

Hier halten wir uns an eine Definition des Kreativitätsgurus Edward de Bono. Nach seinem und unserem Verständnis ist eine Chance eine Handlungsweise, die möglich ist und der nachzugehen sich offensichtlich lohnt. Beides muss gleichzeitig gegeben sein. Eine Handlung, die möglich, aber erfolglos ist, ist brotlose Kunst. Eine Handlung, die Gewinne verspricht, aber keine Realisierungschancen bietet, ist ein bloßer Wunschtraum.

Natürlich kann die Einschätzung nur vom gegenwärtigen Stand aus erfolgen. Dabei ist es immer schwierig, eine Chance zweifelsfrei auszumachen. Mögliche Erfolge können völlig falsch eingeschätzt und vorhandene Umsetzungschancen schlichtweg übersehen werden. Dies kommt ja auch täglich im Business vor. Die Geschichten von grandiosen Fehlinvestitionen und verpassten Milliardenmärkten füllen die Spalten der Wirtschaftspresse. Häufig ist dann viel Häme im Spiel, denn im Rückblick lässt sich immer leicht urteilen.

Gleichwohl gilt es festzuhalten: Eine Chance im Umfeld sehen wir dann, wenn wir zwei Fragen positiv beantworten können:
- Was können wir tun, um das zu erreichen? und
- Wie stehen die Chancen für den Gewinn, der durch unser Handeln erzielt werden kann?

b. Welche Suchfelder für Chancen gibt es?

1. Übersicht

Da nun geklärt ist, was generell unter einer Chance zu verstehen ist, stellt sich im nächsten Schritt die Frage, wie man überhaupt auf Chancen aufmerksam wird. Gibt es Signale, auf die man achten, Suchfelder, die man durchkämmen sollte?

Hören wir auf Peter Drucker, den Übervater der Managementlehre, auf den wir uns im Folgenden stützen. Grundsätzlich, so Drucker, sind folgende Suchfelder für Chancen zu unterscheiden:

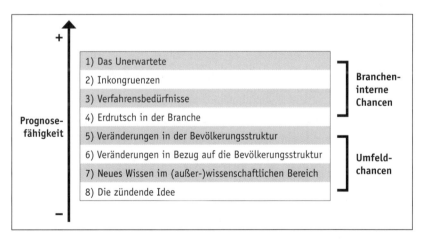

Abbildung 11: Chancen-Felder nach Peter Drucker; Quelle: Drucker, Peter (1986): Innovations-Management für Wirtschaft und Politik. Econ.

Veränderungen innerhalb einer Branche

Diese Veränderungen können durchaus Symptome für externe Veränderungen in Gesellschaft, Wirtschaft und Wissenschaft sein. Aber sie manifestieren sich in Märkten, Industriezweigen und Unternehmen, werden also gewissermaßen von innen heraus, also aus der Branche selber, sichtbar. Veränderungen innerhalb einer Branche sind hauptsächlich für Insider und Experten erkennbar. Sie sind höchst zuverlässige Anzeichen für Veränderungen, die bereits eingetreten sind oder relativ mühelos veranlasst werden können.

1) Das Unerwartete
2) Inkongruenzen
3) Verfahrensbedürfnisse
4) Erdrutsch in der Branchen-, Marktstruktur

Veränderungen außerhalb einer Branche, im weiteren Umfeld

5) Veränderungen in der Bevölkerungsstruktur
6) Veränderungen in Bezug auf Wahrnehmungen, Bedeutungen, timmungen
7) Neues Wissen im wissenschaftlichen und außerwissenschaftlichen Bereich
8) Die zündende Idee

Die Reihenfolge der Suchfelder ist nicht zufällig. Sie sind nach (a) abnehmender Zuverlässigkeit und (b) abnehmender Prognosefähigkeit als Quelle von Chancen sortiert.

Die einfache Analyse von unerwarteten Erfolgen oder Misserfolgen, so „überraschungsfrei" und wenig glanzvoll sie auch sein mag, bietet zuverlässige Anhaltspunkte. Zudem brauchen Chancen, die sich daraus ergeben, nur eine relativ geringe Zeitspanne, bis messbare Erfolge oder Misserfolge eintreten. Chancen sind damit relativ gut prognostizierbar.

Umgekehrt ist neues Wissen zwar häufig spektakulär, sozusagen der Superstar unter den Innovationen, aber wenig zuverlässig und schlecht prognostizierbar als Chancen-Quelle.

Anzumerken ist noch, dass sich die Suchfelder in der Praxis oft überschneiden. Eine saubere Trennung ist nicht möglich. Peter Drucker spricht hier von Fenstern eines Gebäudes. Aus jedem Fenster sind Dinge zu sehen, die auch vom Nachbarfenster aus zu erkennen sind. Was man jedoch aus der Mitte jedes Fensters sieht, ist ein jeweils ganz bestimmtes und unterschiedliches Bild.

2. Suchfelder im Detail
Starten wir zunächst mit Chancenfeldern, die sich innerhalb einer Branche auftun:

1) Das Unerwartete: Jeder, der länger in einer Branche tätig ist, kennt das. Das Geschäft läuft lange in den gewohnten Bahnen. Plötzlich, wie aus dem Nichts, taucht ein neuer Anbieter auf und räumt im Markt richtig ab. Die Kunden laufen ihm in Scharen zu. Man sieht fassungslos zu und fragt sich, was hier los ist.

Das Unerwartete ist immer ein zuverlässiger Indikator für eine Chance. Dies können unerwartete Erfolge sein, aber auch unerwartete Fehlschläge. Dies können eigene Erfolge und Fehlschläge sein, aber auch die der Konkurrenten, der Lieferanten und der Kunden. Das Unerwartete trifft auch ein, wenn Mitarbeiter aus einem Unternehmen ausscheiden und ein identisches Konkurrenzunternehmen gründen. Für das bestehende Unternehmen bedeutet dies oft einen unerwarteten Fehlschlag, für den Neugründer einen unerwarteten Erfolg.

Chancen können aber auch aus unerwarteten äußeren Ereignissen entstehen. Gerade in turbulenten Zeiten, in denen wir uns befinden, werden solche Chancen immer wichtiger. Die eigene Branche wird von ihren Folgen nicht verschont.

> **Chancenbeispiel**

> Eine japanische Baufirma, die auf den Bau von Brücken und Tunnels spezialisiert ist, hat seit einiger Zeit mit rückläufigem Auftragseingang zu kämpfen. Der Geschäftsführer befragte seine Mitarbeiter nach Kundenwünschen, die das Unternehmen bislang nicht befriedigen könne. Eine Empfangsdame berichtete von zwei bis fünf Anrufen, die sie wöchentlich erhielt. Dabei erkundigten sich die Anrufer, ob das Unternehmen auch Gärten und Parks anlege. Auch andere Mitarbeiter konnten derlei Anfragen bestätigen. Heute bestehen 20 Prozent der Aufträge darin, Gärten oder Parks anzulegen.

2) Inkongruenzen: Ein weiteres Suchfeld für Chancen nennt Peter Drucker „Inkongruenzen". Gemeint ist, dass irgendetwas im Branchen-Umfeld nicht zusammenpasst. Irgendetwas stört, läuft nicht rund, scheint nicht richtig erklärbar. Inkongruenzen können in Zahlen erkennbar werden. Kunden äußern in einer Marktforschung andere Präferenzen als die Branchenweisheit nahelegt. Inkongruenzen können sich aber auch als Bauchgefühl bemerkbar machen.

Der Eindruck bzw. das Gefühl einer Inkongruenz kann sich auf verschiedene Felder beziehen:

a. Inkongruenzen zwischen der Wirklichkeit und den darüber bestehenden Annahmen. Jeder im Geschäftsleben operiert mit einem mentalen Modell, also mit Annahmen darüber, wie das Geschäft funktioniert. Diese Annahmen sind meist implizit und werden durch Erfahrung und Erfolg gestützt. Wir sprachen bereits darüber. Diese Annahmen sind aber nicht notwendigerweise richtig. Inkongruenzen deuten auf Fehlannahmen und blinde Flecken im mentalen Modell. Ihre Botschaft ist: Das Geschäft läuft nicht immer so oder vielleicht überhaupt nicht mehr wie angenommen.

b. Inkongruenzen zwischen den vermuteten und den tatsächlichen Erwartungen und Werthaltungen der Kunden. Dies ist ein Spezialfall der ersten Inkongruenz. Hier stimmen Annahmen über den Kunden nicht mit der Wirklichkeit überein. Die Botschaft ist: Der Kunde tickt doch nicht so wie immer behauptet. Der Kunde schätzt unsere Produkte doch nicht so sehr, wie wir selbstverliebt immer angenommen hatten. Der Kunde will vielleicht gar nicht mehr unseren bewährten Bestell-, Beratungs- oder Serviceprozess.

Ein Beispiel für Fehlannahmen über den anders tickenden Kunden ist das C1-Konzept von BMW. Das Unternehmen präsentierte Anfang 2000 ein „innovatives Fahrzeugkonzept auf zwei Rädern". Die Idee war absolut neu und bis dahin noch nie in einem Serienfahrzeug verwirklicht worden. Die Grundidee war es, Sicherheit, Wetterschutz und Zweirad-Mobilität in einem Konzept zu verwirklichen. So entfiel dank Sicherheitsgurt und Sicherheitszelle die Helmpflicht und der Wetterschutz war dank der Scheibe und des Daches gewährleistet. Ein an sich revolutionäres Konzept, welches sich insbesondere in den Ballungszentren hätte durchsetzen müssen. Im Jahr 2003 war Schluss, die Produktion wurde eingestellt. BMW scheiterte daran, dass dieser Hybrid weder die Autofahrer noch die Motorradfahrer erreichte, es gelang auch nicht, ein völlig neues Fahrzeugsegment zu kreieren. Was ist bei BMW im Rahmen der Produkteinführung falsch gelaufen? Die Chance für ein solches Fahrzeug wurde erkannt, sicherlich führten alle Potenzialanalysen zu dem Ergebnis, dass bei den Menschen in den Ballungsräumen der Welt großer Bedarf nach solchen Konzepten vorliegt. Es gelang aber nicht, vielleicht auch wegen halbherziger Marketing-Investitionen, dieses neue Konzept als „trendy" zu etablieren, der C1 verkümmerte in seiner Nische.

c. Inkongruenzen in den ökonomischen Realitäten: Ein Beispiel ist eine Steigerung der Nachfrage, aber keine Steigerung der Gewinne. Man fragt sich, warum bei steigendem Umsatz nicht mehr Gewinn hängen bleibt, für das eigene Unternehmen oder auch für ganze Branchen. Was läuft schief? Wo geht der einstmalige Gewinn hin?

Chancenbeispiel

Die Fluggesellschaft Ryanair hat mit einem Geschäftsmodell großen Erfolg (gehabt), das sich mit dem Schlagwort „No Frills" beschreiben lässt. Geboten wird ein Flug ohne Schnickschnack, also ohne Zeitung, Tomatensaft und Gratis-Essen. Die Annahme, dass dies vom Fluggast unbedingt gewünscht wird und damit unerlässlich ist, konnte widerlegt werden.

3) Verfahrensbedürfnisse: Gemeint sind Defizite und Probleme bei Kundenprozessen, Abläufen und Technologien. Jeder in der Branche weiß, dass dieser Mangel besteht, bisher hat aber keiner etwas unternommen, um diesen Mangel zu beheben. Für Unternehmen auf der Suche nach Chancen bietet sich hier ein Ansatzpunkt. Um die Chance zu nutzen, setzt man bei konkret zu erledigenden Aufgaben an: Man verbessert ein bestehendes Verfahren, ersetzt eine schwache Komponente, gestaltet ein bestehendes Verfahren um.

Dabei sind erforderlich:
- ein in sich geschlossener Prozess,
- eine schwache oder fehlende Komponente in der Kette,
- eine genaue Definition des Ziels,
- eine klare Definition der Vorschriften für die richtige Lösung,
- die allgemein verbreitete Erkenntnis, dass es einen besseren Weg geben müsste, mit anderen Worten eine hohe Aufnahmebereitschaft für die Lösung.

Um aus einem Verfahrensbedürfnis eine echte Chance machen zu können, muss man zunächst den Mangel, das Bedürfnis wirklich begreifen. Man muss zudem über das notwendige Fachwissen verfügen, um eine Lösung erarbeiten zu können. Diese Lösung muss schließlich tragfähig sein, sie muss passen, den Menschen, auf die sie abzielt, entsprechen.

Chancenbeispiel

Technologische Schwachstelle: Das amerikanische Unternehmen The Scotts Miracle Grow hat eine Streumaschine für Samen entwickelt, die den Samen mit größerer Genauigkeit auf dem Rasen verteilt. Bei alten Streumaschinen ging viel Samen auf die Flächen, die der Gärtner für Rasen nicht vorgesehen hatte. Die neue Maschine streut zielgenau. Der Produktnutzen wird dadurch deutlich erhöht, mögliche Einsatzhemmnisse abgebaut.

Schwachpunkte in Abläufen: Germanwings bietet seit einiger Zeit einen Web Check-In für seine Fluggäste. Der Passagier kann bereits 24 Stunden vor seinem Flug einchecken. Von seinem PC oder Laptop aus kann er einen Platz in der Maschine wählen und seine Bordkarte ausdrucken.

> **Chancenbeispiel** (Fortsetzung)
>
> Damit kann er direkt durch die Sicherheitskontrolle zum Boarding. Wartezeiten am Schalter und Verhandlungen über Gang- oder Fensterplatz entfallen. Der Ablauf wird dadurch effizienter und kundenfreundlicher. Einziger Nachteil: Führt der Passagier mehr als das Handgepäck mit sich, muss er dennoch zum sogenannten Baggage Drop-Off-Schalter. Eine Chance also, die bereits den Keim für weitere Chancen in sich trägt.

4) Erdrutsch in der Branchen-, Marktstruktur: Gemeint sind schnelle und tiefgreifende Veränderungen im Marktvolumen, bei Technologien oder im grundlegenden Geschäftsmodell. Plötzlich läuft das Geschäft grundlegend anders.

Woran lässt sich ein Erdrutsch erkennen? Wie kündigt er sich an? Gut erkennbare Indikatoren dafür, dass Veränderungen in der Branchenstruktur bevorstehen, sind:

- Ein kräftiges Wachstum: Wenn eine einzelne Branche bzw. ein einzelner Industriezweig erheblich schneller wächst als die gesamte Wirtschaft, dann lässt sich voraussagen, dass sich die Strukturen verändern werden.
- Konvergenz von Technologien: Technologien, die bisher als völlig eigenständig und getrennt voneinander galten, entwickeln sich aufeinander zu.
- Eine Branche ist reif für einen grundlegenden Strukturwandel, wenn sich die Art und Weise der Geschäftstätigkeit rapide wandelt.

Insider sehen die Veränderungen primär als Bedrohung. Ihr bestehendes Geschäftsmodell, ihre Kunden und ihr Umsatz geraten plötzlich in Gefahr. Daher bietet der Erdrutsch vor allem Chancen für Outsider. Sie haben nichts zu verlieren.

> **Chancenbeispiel**
>
> Die Deregulierung von Branchen (Energieversorgung, Luftfahrt, Telekommunikation) ändert die Regeln, nach denen die Branche lange funktioniert hat, und zwingt traditionelle Unternehmen, ihr Geschäft komplett neu auszurichten. Für neue Geschäftsmodelle eröffnen sich dadurch Chancen. Ein Beispiel sind Low Cost Carrier in der Luftfahrt: Die Flagcarrier mussten in den vergangenen Jahren erhebliche Einbußen hinnehmen. Die Low Cost Carrier dagegen haben ihre Verkehrsleistung kontinuierlich und deutlich gesteigert. Vor allem konnten sie neue Kundenschichten erobern, die aus Preisgründen vorher nicht geflogen sind.
>
> Das Internet hat die Touristikbranche grundlegend verändert. Reisende, ob privat oder geschäftlich, organisieren ihre Reise zunehmend selbstständig. Reisebüros müssen sich stärker auf Luxusreisen oder Nischenländer spezialisieren. Online-Dienste wie Expedia haben dagegen kräftig profitiert.
>
> Rohstoffpreise bestimmen in starkem Maße, welche Heiztechnik im Markt nachgefragt wird. Steigen beispielsweise die Preise für Heizöl und Gas in sehr starkem Maße, führt dies zu einem deutlichen Rückgang der darüber betriebenen Heiztechniken. Von diesem Erdrutsch profitieren Techniken, die mit alternativen Brennstoffen betrieben werden (Beispiel Pellets), andere Energiequellen nutzen (Beispiel Erdwärme) oder andere Kombinationen.

Kommen wir nun zu Chancenfeldern, die außerhalb einer Branche bestehen:

5) Veränderungen in der Bevölkerungsstruktur: Die Auswahl unserer Kunden-Trends hat es bereits deutlich gemacht: Das Thema Bevölkerung sollte ganz oben auf der Innovations-Tagesordnung stehen. Wir wollen die Trends zur Überalterung der Bevölkerung, zur zunehmenden Konsumentenmacht der Frauen und ihre Auswirkungen auf Gesellschaft und Konsum nicht erneut diskutieren. Hier reicht es, darauf hinzuweisen, dass das Thema Bevölkerung ein eigenes Suchfeld für Chancen darstellen sollte.

Und das Praktische ist dabei: Bevor sich Veränderungen im Bereich Bevölkerung auswirken, gibt es Vorlaufzeiten, und diese Vorlaufzeiten sind lang und (meist) prognostizierbar.

> **Chancenbeispiel**
>
> - Zunehmende Alterung der Bevölkerung, resultierend aus sinkenden Geburtenraten und steigender Lebenserwartung.
> - Zunehmende Frauen-Power, das Alter ist weiblich.
> - Binnenwanderung der Bevölkerung: Der Süden profitiert, der Osten verliert, Bayern ist klarer Gewinner.
> - Die Neuzuwanderung nach Deutschland erfolgt in den vergangenen Jahren verstärkt aus Westeuropa und mit höherem Qualifizierungsniveau.
> - Die 86 Prozent-Chance: 86 Prozent der Menschheit leben aktuell in Gesellschaften mit einem jährlichen Pro-Kopf-Einkommen unter 10.000 Dollar. Der Prozentsatz wird zunehmen. Hier liegen große Chancenpotenziale: Sauberes Trinkwasser und Elektrizität fehlen häufig. 49 Prozent der Menschheit hat noch nie telefoniert. 61 Prozent der Menschheit hat noch nie ein Foto gemacht.

6) Veränderungen in Bezug auf Wahrnehmungen, Bedeutungen und Stimmungen, die Kauf- und Konsumgewohnheiten verändern: Hierunter fällt eine veränderte Sicht auf Unternehmen, Angebote oder Kundenprozesse. Beispiele sind:

- Die veränderte Sicht auf japanische Pkw, die anfänglich als Billigprodukte schlechter Qualität abgetan wurden und sich dann zum Inbegriff von Qualität gewandelt haben. Toyota hat von der veränderten Sicht profitiert. Für chinesische Fahrzeuge ist eine ähnliche Verschiebung der Sichtweise zu erwarten, ob mit ähnlichen Absatzerfolgen, ist allerdings fraglich.
- Die veränderte Haltung zu Online-Überweisungen. Online-Überweisungen sind ein effizienter Weg, um Rechnungen zu begleichen. Sicherheitsbedenken hinderten jedoch lange Zeit deren Ausbreitung. Erst eine Änderung in der Wahrnehmung, weil der Service sicherer wurde und sich für den Kunden bewährt hat, machte den Weg hierfür frei.

Weiterhin fällt hierunter vieles, was Sozialforscher unter dem Stichwort Wertewandel beobachten, was sich in Konsumenten-Trends übersetzt und schließlich in Kauf und Konsum niederschlägt. Betrachten wir dazu im Zeitraffer die Werteentwicklung von den Fünfzigerjahren bis heute.

- In den Fünfzigerjahren hieß es arbeiten, ranklotzen, seine Pflicht erfüllen und Leistung zeigen. Disziplin und Ordnung waren angesagt. Es galt schließlich, ein Land wieder aufzubauen.
- Die Sechzigerjahre standen unter der Werteüberschrift Wohlstand und Aufstieg. Materiellen Wohlstand zu erlangen, sich etwas leisten zu können, stand im Mittelpunkt. Es wurde ungeniert demonstriert, was man hat.
- Erst die 68er-Bewegung markiert den Wendepunkt. Konsumkritik kam auf. Das Streben nach Unabhängigkeit und Selbstverwirklichung, nach alternativen Lebensentwürfen wurde wichtiger. Man war zunehmend postmateriell.
- Im Verlauf der Achtzigerjahre erhielt die Selbstverwirklichung zunehmend eine Spaßkomponente. Ich geb Gas, ich will Spaß, hieß es zunehmend, mit aller Ich-Bezogenheit und Oberflächlichkeit, die damit verbunden sind. Weite Teile Deutschlands wurden tatsächlich zum „kollektiven Freizeitpark", wie Bundeskanzler Helmut Kohl dereinst bemängelte.

Zu Beginn des neuen Jahrtausends scheint diese Entwicklung an einen Endpunkt gekommen. Das Ausleben der Individualität und das Erlebnis von unbegrenzten Möglichkeiten werden zunehmend zur Last. Viele Menschen suchen Orientierung und Sicherheit. Nicht zufällig leben traditionelle Werte wieder auf. Der Wert von Disziplin und Ordnung wird wiederentdeckt. Die Heimat bzw. die Region, lange Zeit als Domäne der Ewiggestrigen gering geschätzt, bekommt wieder einen neuen Stellenwert. Versprechen sie doch feste Wurzeln in unübersichtlichen Zeiten. Auch bescheiden und genügsam wollen viele Menschen wieder werden. Vom „Anything Goes" haben die meisten erst einmal genug. Auswählen zu können, ist schön, ständig auswählen zu müssen, ist eine Last.

Dies bedeutet aber nun nicht, dass wir die miefigen Talare wieder überstreifen. Selbstverwirklichung und Individualität wollen die Menschen nach wie vor. Gegenwärtig kommt es jedoch zu einer „Neujustierung der Werteorientierung", wie die Sozialforscher Ullrich und Wenger zum Wertewandel 2017 ermittelt haben. Dominierende Werte werden überprüft und neu eingeordnet. Als Folge davon verlieren hedonistische Werte (Individualität, Selbstverwirklichung) an Stellenwert, und traditionelle Werte (Heimat, Bescheidenheit) gewinnen an Bedeutung. Das Werteportfolio balanciert sich neu aus. „Ich und Wir" heißt die Werteüberschrift der Zukunft, so die beiden Sozialforscher.

Für Handel und Konsum hat dieser Wandel weitreichende Konsequenzen. Ein neues Bündel von Bedürfnissen, Sehnsüchten und Wünschen entsteht, die sich in die Konsumwelt übersetzen. Es gilt also, immer ein waches Auge auf Wahrnehmungen, Bedeutungen und Stimmungen in der Bevölkerung zu haben.

Wenn es um die Chancennutzung geht, ist das richtige Timing entscheidend: Wird zu früh reagiert, besteht die Gefahr, dass man auf kurzfristige Moden reagiert, also reines Trend-Hopping betreibt. Wird dagegen zu spät reagiert, besteht die Gefahr, dass echte Chancen verpasst und von der Konkurrenz besetzt werden.

Chancenbeispiel
Neujustierung der Werteorientierung: Der neue Konsument will zurück zum Einfachen, Authentischen, er will Nachhaltigkeit und soziale Verantwortung. Daraus ergeben sich vielfältige Ansatzpunkte für regionale und biologische Produkte, für Retro-Produkte, für ökologisch und sozial verantwortungsvolle Angebote.

7) Neues Wissen im wissenschaftlichen und außerwissenschaftlichen Bereich: Wissensgestützte Innovationen sind der Inbegriff dessen, was gewöhnlich unter einer Innovation verstanden wird. Sie sind der Superstar unter den Chancen. Wie Superstars bekommen sie entsprechend viel Aufmerksamkeit und Publizität, oft auch viel Geld und Ressourcen. Solche Innovationen haben aber auch die Eigenschaften von Superstars, oder sagen wir lieber von Diven, das heißt sie sind launenhaft und schwer zu handhaben.

Wissensbasierte Innovationen stellen hohe Ansprüche, und zwar aus zwei Gründen: Zunächst einmal haben sie den längsten Vorlauf. Es besteht eine Verzögerung zwischen Entdeckung und technischer Umsetzung sowie weiterhin zwischen technischer Anwendung und marktfähigem Produkt. Zwar wird von Experten ein Beschleunigungsschub bei Innovationen konstatiert.

Die Zeitspanne zwischen den Etappen Entdeckung und Umsetzung sowie Umsetzung und Verbreitung wird zunehmend kürzer. Dies trifft insbesondere dann zu, wenn die gesamte Menschheitsgeschichte in den Blick genommen wird. Jahrtausendelang war nur ein langsamer Fortschritt erkennbar. Erst in den vergangenen Jahrzehnten steigt die Innovationskurve steil an. Gleichwohl gibt es Verzögerungen. Experten beziffern den typischen Innovationszyklus bei mechanischen Produkten und neuen Werkstoffen auf sieben bis zehn Jahre, bei Elektromechanik auf vier bis sechs Jahre und bei Software und Elektronik auf bis zu drei Jahre.

Das heißt also: Wissensgestützte Innovationen sind kein Quick Win, wie es im Berater-Deutsch heißt, also keine Chance mit schnellem Geldrückfluss.

Weiterhin beruhen diese Chancen nicht auf einem einzelnen Faktor. Vielmehr müssen verschiedene Arten von Wissen und Erkenntnissen zusammenfließen. Konvergenz ist Bedingung.

Wissensbasierte Innovationen sind aber nicht nur anspruchsvoll, sie sind auch riskant. Die Aufnahmebereitschaft für das Neue muss vorhanden sein, lässt sich aber nur schwer abschätzen. Herkömmliche Marktforschung ist zur Prognose nämlich nur sehr bedingt geeignet. Wie Henry Ford einmal gesagt hat: Wenn er Kunden nach Neuerungen gefragt hätte, hätten sie eine Postkutsche mit mehr Pferden verlangt, aber nicht das Auto. Hinzu kommen aber noch weitere Risiken: Wissensgestützte Innovationen verursachen per se starke Turbulenzen. Häufig kommt es zu einer explosiven Gründungsphase, das Chancenfenster bleibt nur wenige Jahre offen. In dieser Phase muss sich ein Unternehmen im Feld etablieren, danach ist der Zutritt versperrt. Das Fenster wird von zunehmend mehr Konkurrenten besetzt, der Kampf wird härter, die Überlebenschance kleiner. Sobald sich das Fenster schließt, setzt die Bereinigung ein.

Wem die Lust auf wissensbasierte Innovationen noch nicht vergangen ist, dem seien Peter Druckers Ratschläge ans Herz gelegt:

Erforderlich, so der Management-Papst, ist zunächst eine gründliche Analyse aller wichtigen Faktoren für diese Innovation. Es muss deutlich werden, welche Faktoren noch fehlen, sodass entschieden werden kann, ob sich die noch fehlenden Faktoren erarbeiten lassen oder ob die Innovation lieber aufgeschoben werden muss, weil sie noch nicht machbar ist.

Wichtig ist außerdem eine eindeutig ausgerichtete Strategie. Dabei gibt es drei Ausrichtungen:
- Entwicklung eines kompletten Systems, das den Bereich beherrscht,
- Schaffen eines entsprechenden Marktes für das neue Produkt,
- Erarbeitung einer strategischen Position mit Schlüsselfunktion (zum Beispiel Ökologische Nische).

Chancenbeispiel

Entwicklungen auf dem Gebiet der Brennstoffzelle. Die Automobilhersteller forschen seit Jahren an Fahrzeugen, die mit Wasserstoff fahren. Brennstoffzellen wandeln die Energie im Wasserstoff um und treiben einen Elektromotor an. Ein praxistaugliches Modell steht aber noch aus. Weitere Erkenntnisse können den Durchbruch zum Automobilantrieb der Zukunft herbeiführen. Weitere Chancen erwachsen aus der Lithium-Ionen-Batterietechnik.

8) Die zündende Idee: Die wissensbasierte Innovation wird gründlich erarbeitet. Die zündende Idee kommt aus heiterem Himmel, als Geistesblitz. Von allen Chancenfeldern sind Geistesblitze am risikoreichsten und erfolgsärmsten. Sie weisen eine enorme Quote von Fehlschlägen auf, da vieles nur vage und entsprechend schwer zu fassen ist. So schnell, wie der Geistesblitz eingeschlagen hat, ist er auch schon wieder verschwunden.

4.5 Ableitung von Chancen-Ideen

Bislang haben wir aufgezeigt, wo man nach Chancen suchen kann. Im Folgenden zeigen wir, welche grundsätzliche Haltung, welches Mindset Sie dabei einnehmen sollten und welche Werkzeuge Ihnen bei der Suche helfen.

Mindset: Die Chancensuche muss in Fleisch und Blut übergehen. Wichtig ist, die Chancensuche kontinuierlich, also auch dann zu betreiben, wenn kein Handlungsdruck besteht. Dabei reicht es nicht, sich der Chancenfelder „bewusst" zu sein, man muss aktiv in den Chancenfeldern suchen.

Chancenbilanz: Ein geeignetes Instrument für eine aktive Chancensuche ist die sogenannte Chancenbilanz, die Edward de Bono entwickelt hat. Die Chancenbilanz ist ein formalisiertes Verfahren, bei dem ausgewählte Führungskräfte für einen bestimmten Zeitraum nach Chancen suchen und darüber berichten. Zu Beginn der Übung erhält die Führungskraft zwei Briefe bzw. E-Mails. Der erste erläutert den Hintergrund und fordert zur Teilnahme auf, der zweite erläutert den Ablauf. Zusätzlich erhält jeder Chancensucher ein Formular, das Bilanzformular, in das Chancen im eigenen Bereich oder auch außerhalb eingetragen und in dem sie beschrieben werden. Die Chancen werden anschließend zusammengetragen und aufbereitet. Wir plädieren dafür, das Chancenformular immer griffbereit und in Sichtweite auf dem Schreibtisch liegen zu haben.

Schwache Signale-Test: Nehmen Sie bereits schwache Signale ernst. Machen Sie den „Schwache Signale-Test", den finnische Zukunftsforscher entwickelt haben. Bringen Sie eine Idee oder eine Chance auf den Tisch und prüfen Sie dabei die Reaktion Ihrer Kollegen. Welche der fünf Reaktionen erhalten Sie?

1. Keiner hat je davon gehört.
2. Ihre Kollegen wundern sich.
3. Ihre Kollegen lachen darüber.
4. Ihre Kollegen lehnen das Signal ab: Es werde niemals eintreten.
5. Es wird angeordnet, nicht mehr darüber zu sprechen: Das Thema sei einfach zu dumm.

Trifft alles zu? Dann haben Sie ein schwaches Signal vernommen, meinen die finnischen Forscher. (Oder Ihre Idee ist wirklich zu dumm, dies ist mit dem Test natürlich nicht auszuschließen.)

Bewährte Methoden zur Ideengenerierung: Nutzen Sie bewährte Denkmethoden zur Ableitung von Chancen. Chancen entstehen nicht aus dem Nichts, als genialer Geistesblitz. Chancen werden mit den richtigen Werkzeugen erarbeitet. Die vielfältigen Ansätze und Methoden können wir hier nicht im Detail darstellen. Ein kurzer Überblick, der sich auf relativ einfache und verbreitete Techniken konzentriert, mag genügen.

Bewährte Methoden zur Ideengenerierung

a. Brainstorming

Brainstorming ist die sicherlich populärste und am weitesten verbreitete Kreativitätstechnik. Hierbei handelt es sich um eine Methode, um in Arbeitsgruppen, die aus Internen, aber auch aus Kunden oder Lieferanten bestehen können, neue Ideen zu erarbeiten. Dabei hat sich folgendes Vorgehen bewährt:

- Thema formulieren
- Teilnehmer auswählen. Ideal sind sechs bis acht Teilnehmer. Setzen Sie dabei nicht immer auf die üblichen Verdächtigen. Denken Sie an Professor Sutton und nehmen Sie auch die Unsympathischen und Unangepassten dazu. Erzeugen Sie das, was der Berater Frans Johansson den „Medici-Effekt" nennt, also einen Kreativitätsschub, der durch das Zusammentreffen von verschiedenen Ausbildungen, Disziplinen, Erfahrungen und Kulturen zustande kommt, ähnlich wie im Florenz der Medici, nach dem der Effekt seinen Namen hat.
- Moderator bestimmen. Wählen Sie einen erfahrenen und neutralen Moderator.
- Thema und Methode vorstellen (Moderator)
- Ideen auf Kärtchen aufschreiben (Teilnehmer) und laut verlesen (Moderator)
- Ideen auf einer Pinnwand nach Themen ordnen
- Verknüpfungen zwischen den Ideen herstellen
- Priorisieren und Bewerten von Chancen. Nutzen Sie dazu die Chancenmatrix, die wir Ihnen im folgenden Abschnitt vorstellen.

Wichtig ist, dass dabei bestimmte Spielregeln eingehalten werden, um wirklich gute, auch innovative und originelle Ideen hervorzubringen:

- Möglichst viele Ideen finden! (Quantität vor Qualität!)
- Kritik verboten, Verständnisfragen erlaubt!
- „Spinnen" erlaubt (ausdrücklich erwünscht)!
- Ideen anderer können aufgegriffen und weitergeführt werden.

Der Aufwand zur Durchführung eines Brainstorming ist gering. Als Ergebnis erhält man erste Ideen für Chancen im Future Business.

b. Methode 6-3-5

Die Methode 6-3-5 eignet sich, um erste Ergebnisse des Brainstorming weiter zu vertiefen. Auch hier wird in einer Gruppe gearbeitet, die aus sechs Teilnehmern besteht.

Bewährte Methoden zur Ideengenerierung (Fortsetzung)

Jeder Teilnehmer erhält als Arbeitsinstrument ein gleich großes Blatt Papier. Auf jedem Blatt finden sich 6 Reihen, für jeden Teilnehmer eine, und 3 Spalten, für jede zu erzeugende Idee eine, also insgesamt 18 Kästchen.

Die Teilnehmer werden nun aufgefordert, in ihrer Zeile in jeder Spalte eine Idee zu formulieren. Stenogrammstil genügt. Je nach Problemstellung und Schwierigkeitsgrad stehen hierfür 3 bis 5 Minuten zur Verfügung. Dann reicht jeder der Teilnehmer sein Blatt im Uhrzeigersinn an den Nachbarn weiter. Der soll nun versuchen, die bereits genannten Ideen zu ergänzen und weiterzuentwickeln, ohne Rückfragen und Kommentare. Danach wird das Blatt wieder an den Nachbarn weitergereicht, insgesamt geschieht das fünfmal.

Auf relativ einfache Art und Weise können damit in relativ kurzer Zeit relativ viele Ideen entwickelt werden.

c. Osborne-Checkliste

Wenn erste Ideen entwickelt und vertieft wurden, eignet sich die Osborne-Checkliste zum Weiterarbeiten. Die Osborne-Checkliste dient dazu, das Denken gezielt in verschiedene, auch bislang nicht betrachtete Bereiche zu lenken. Dadurch soll verhindert werden, dass man sich frühzeitig mit der ersten gefundenen Lösung zufriedengibt.

Die Osborne-Checkliste kann der Innovator für sich an seinem Schreibtisch, aber auch in Gruppenarbeit mit seinen Mit-Innovatoren einsetzen. Sie liefert die folgenden allgemeinen Kategorien, um kreatives Denken zu fördern:

- Vergrößern: Vergrößern der Maße, Sondergröße, Übergröße, Extrawert, mehr Zeit darauf verwenden
- Verkleinern: Verkleinern der Maße, Zerlegen der Maße, billiger machen, weniger Zeit verwenden
- Umgruppieren: Gestalt und Layout verändern, Teile umordnen, Reihenfolge ändern, Ursache-Wirkung umkehren
- Kombination: Ideen, Methoden, Teile, Zwecke kombinieren, Gegensätzliches kombinieren, Mischungen, Synergien
- Umkehrung: Anfang und Ende, Richtung, innen nach außen, Nachteil zum Vorteil umkehren
- Substitution: Anderes Material, andere Form, andere Funktion, anderer Ort und andere Zeit

Bewährte Methoden zur Ideengenerierung (Fortsetzung)
• Zweckentfremdung: Zweck einengen, Zweck erweitern, umfunktionieren, andere Verwendung • Nachahmung: Leitbilder, Musterfälle und Parallelen, zutreffende Analogien, Möglichkeiten zur Nachbildung Wenn alle Kategorien durchgespielt werden, kann dies zu einem Pool von etwa 30 bis 50 Ideen führen, die auch untereinander kombinierbar sind.

Live-Beobachtung: Verlassen Sie Ihren Schreibtisch und gehen Sie zu Ihren Kunden. Beobachten Sie die Kunden, wie sie Ihr Produkt nutzen und Ihren Service in Anspruch nehmen, mit der Handykamera in der einen und dem Notebook in der anderen Hand. Stellen Sie Fragen, hören Sie zu, prüfen Sie die Erwartungen des Kunden und seine Aufnahmebereitschaft für Ihr Angebot. Es ist kein Zufall, dass gerade in Zeiten, in denen händeringend nach Chancen gesucht wird, eine neue Form der Kundenforschung, die direkt am Kunden und in seiner natürlichen Lebenswelt ansetzt, so stark an Bedeutung gewonnen hat. Denn aus der unmittelbaren Lebenswelt des Kunden kommen wichtige Impulse für Zukunftschancen.

4.6 Bewerten von Chancen-Ideen

Wenn Sie aktiv in Chancenfeldern gesucht und dabei die beschriebenen Werkzeuge richtig eingesetzt haben, dann haben Sie nun eine große Anzahl von Ideen für mögliche Chancen auf dem Tisch. Alle Ideen können Sie nicht weiterverfolgen, sollten Sie auch gar nicht, da sich nicht alle als echte Chancen erweisen werden. Es muss also aussortiert werden.

Dazu müssen sämtliche Chancen-Ideen bewertet werden. Eingangs haben wir festgestellt, dass wir von einer Chance dann sprechen können, wenn zwei Fragen positiv beantworten werden können:

- Was können wir tun, um das zu erreichen? und
- Wie stehen die Chancen für den Gewinn, der durch unser Handeln erzielt werden kann?

Chancen werden also nach zwei Dimensionen bewertet: Zum einen durch das Chancen-Potenzial, also durch die Schatzkiste, die auf den Gewinner wartet, und zum anderen durch die Fähigkeit, also durch das Vermögen, notwendige Ressourcen zusammenzubringen, ein geeignetes Geschäftsmodell auf die Beine zu stellen und chancenreiche Produkte und Services für Kunden anzubieten.

Wer Chancen nach dieser Systematik bewertet, wird für sein Unternehmen einschätzen können, ob sich die Chancenverfolgung lohnt. Man läuft dann nicht blindlings auf jede sich bietende Chance los, betreibt Trend-Surfen, also das aktionistisches Aufspringen auf Moden und Trends, sondern prüft das umfeldseitige Potenzial und die eigene Fähigkeit, das Potenzial zu heben.

a. Bewertung des Chancen-Potenzials
Um das Potenzial einer Chancen-Idee zu bewerten, sind vor allem zwei Fragen zu beantworten:

1. Ist die Idee marktnah?
- Reagiert die Chancen-Idee auf echte Bedürfnisse und Probleme des Kunden?
- Ist die Idee einfach, also für den Kunden nicht zu raffiniert und dem Markt nicht zu weit voraus? Was nicht einfach ist, wird nicht funktionieren. Denn es sind ganz normale Menschen, die die Innovation nutzen sollen. Zunehmend sind es auch ältere Kunden, wie wir im Trend-Schnellkurs gelernt haben, und die haben hohe Ansprüche an die Bedienbarkeit. Besonders ausgeklügelte und raffinierte Produkte und Systeme werden daher an mangelnder Akzeptanz und Handhabbarkeit scheitern.
- Schafft die Chancen-Idee einen echten Nutzen für den Kunden? Versucht sie, eine spezifische Funktion zu erfüllen?

2. Sind die Ziele hoch genug?
- Ist die Chance kurzfristig oder langfristig? Die Chance muss bereits in der Gegenwart nutzbar sein und nicht erst in einer späteren Zukunft.
- Welche Wachstumsrate verzeichnet die Chance aktuell?
- Welche Wachstumsraten sind in den folgenden Jahren zu erwarten?
- Welches Umsatzvolumen bietet die Chance bei voller Durchsetzung?

- Gibt es kritische Umfeldbedingungen, von denen das Gewinnpotenzial abhängt? Wie stabil sind die Umfeldbedingungen?
- Was ist der Lebenszyklus der Chance?
- Wann wird der erste Profit erzielt?
- Zielt die Chance auf eine Führungsposition ab? Die Chance muss auf eine Führungsposition abzielen, im Gesamtmarkt oder in einer Nische. Der Führende räumt im Markt ordentlich ab, der Großteil des Profits wandert in seine Kasse. Man muss also schnell sein.
- Mit welchem Vorsprung vor der Konkurrenz ist zu rechnen?
- Gibt es die Gelegenheit für kreative Nachahmung? Kreative Nachahmung ist die Chance, wenn die erste Reihe schon besetzt ist. Der kreative Nachahmer übernimmt, was bereits ein anderer auf den Markt gebracht hat, ohne dabei aber genau ins Schwarze zu treffen. Der Nachahmer sieht dies, versteht die Innovation besser und bringt die optimierte Innovation auf den Markt.
- Können aufreibende und Profit schmälernde Chancenkriege mit der Konkurrenz vermieden werden?

b. Bewertung der Fähigkeit zur Realisierung des Chancen-Potenzials
Viel Potenzial ist verlockend. Es nützt aber wenig, wenn die eigene Fähigkeit oder die vereinten Kräfte des Kooperationsnetzwerks nicht ausreichen, um das Potenzial zu heben. Prüfen Sie also Ihre Fähigkeit, die Chance zu realisieren, indem Sie folgende Fragen beantworten:

- Passt die Chance zu unserem Managertyp?
- Passt die Chance zu unserer Denkweise und Strategie?
- Passt die Chance zu unserer Marke?
- Haben wir die notwendige Kompetenz?
- Können wir Kompetenzdefizite durch Partner oder Netzwerke ausgleichen bzw. unsere Stärken dadurch erweitern?
- Haben wir ausreichend finanzielle Ressourcen?
- Passt die Chance zu unserem Geschäftsmodell und zu unseren Vertriebskanälen?
- Haben wir die notwendige Marktstärke? Oder gibt es alternative Strategien zum Eintritt und zur Marktbehauptung?
- Gibt es Auflagen oder Gesetze, die uns den Zugang zum Markt oder zu Schlüsselressourcen erschweren?

Eine weitere Frage betrifft die Nähe zum Kerngeschäft. Peter Drucker rät, die Innovation in dem Bereich zu starten, von dem man etwas versteht. Das Neue gestalte sich ohnehin schwer genug, daher solle man es nicht noch in Bereichen probieren, von denen man wenig Kenntnis hat.

Unterstützt wird dies durch eine Untersuchung von Chris Zook, Management-Berater bei Bain & Company. Zook weist nach, wie die Erfolgschancen sinken, je weiter sich eine Chance vom Kerngeschäft entfernt. Bei großem Abstand der Chance zum Kern sieht er die Erfolgswahrscheinlichkeit bei 37 Prozent, bei mittlerer Entfernung bei 28 Prozent und bei großer Entfernung nur noch bei unter 10 Prozent. In einem „heißen" Markt, fernab des eigenen Kompetenzschwerpunktes sein Glück zu versuchen, bringt also wenig Erfolg.

Ein Beispiel ist der US-Nahrungsmittelproduzent Heinz, für Ketchup weltberühmt. Eher unrühmlich war der Ausflug in den Bereich Putzmittel. In den Achtzigerjahren kam „Heinz' Natürlicher Essigreiniger" auf den Markt. Doch es gab zwei Probleme: Bis auf einige Umwelt-Aktivisten wollte in den Achtzigerjahren niemand mit natürlichen Reinigern putzen. Außerdem fanden es die Verbraucher unangenehm, das Ketchup-Logo im Regal mit den Putzmitteln zu sehen. Der Essigreiniger floppte.

Neuere Untersuchungen, die die McKinsey-Berater Viguerie, Smit und Baghai durchgeführt haben, weisen jedoch nach, dass Unternehmen durchaus von einem „Portfolio Momentum" profitieren können, also von einem Portfolio aus wachstumsträchtigen Geschäftsfeldern, auch wenn die Geschäftsfelder nicht nah am Kerngeschäft angesiedelt sind.

Die Befunde sind also nicht eindeutig. Die Frage muss aber diskutiert werden, wenn es um die eigenen Fähigkeiten geht.

c. Gesamtbewertung: Die Chancen-Matrix
Wenn Sie das Potenzial einer Chancen-Idee und die Fähigkeit zur Chancennutzung ermitteln wollen, sollten Sie auf höhere Mathematik verzichten. Die schafft nur Scheingenauigkeiten, wo im Grunde nur vermutet werden kann.

Halten Sie sich dabei an folgende Vorgehensweise:
- Listen Sie alle Fragen zu Potenzial und Fähigkeit für Ihre Branche und Ihr Unternehmen auf. Unsere Fragenliste soll Ihnen dabei helfen.
- Beantworten Sie jede Frage anhand einer Skala.
- Errechnen Sie für Potenzial und für Fähigkeit einen Gesamtwert. Ermitteln Sie dazu den Durchschnitt über die jeweils relevanten Fragen.

Als Ergebnis kann die Chancen-Idee in folgende Matrix eingeordnet werden:

1. Schatzinseln: Hiernach suchen alle im Business, nämlich nach dem großen Potenzial, das wie die eigenen Fähigkeiten wie geschaffen scheint. Die Priorität bei der Chancenverwertung sollte darauf gerichtet sein. Die Schatzinseln sollten aber nicht alle anderen Chancentypen in den Hintergrund drängen. Im Laufe der Zeit können hoch hängende Trauben doch noch erreicht werden, kann eine aktuell brotlose Kunst sich doch noch in ein äußerst gewinnträchtiges Unterfangen verwandeln.

2. Hoch hängende Trauben: Hierunter verstehen wir Chancen mit erkennbarem Potenzial, aber mit aktuell geringen Realisierungschancen. Um das Potenzial abschöpfen zu können, fehlt dem Unternehmen einfach die notwendige Kombination von Fähigkeiten. Die Trauben hängen zu hoch. Eine mögliche Reaktion darauf ist, das Potenzial als nicht erreichbar abzuschreiben. Die hoch hängenden Trauben werden dann als sauer eingestuft. Alternativ kann die Fähigkeit im Unternehmen oder im Partnernetzwerk gestärkt und ausgebaut werden, um das Potenzial doch noch abzuschöpfen.

3. Brotlose Kunst: Dies sind Chancen, die mit einer großen Fähigkeit angegangen werden können, die aber nur geringes Potenzial aufweisen. Es kann schnell viel getan werden, aber es kommt vermutlich wenig dabei raus. Hier ist eine Fähigkeit auf der Suche nach einem Potenzial. Was ist zu tun? Zunächst sollte das Potenzial immer im Blick behalten werden, falls sich Änderungen ergeben. Währenddessen aber sollten die eigenen Fähigkeiten anderweitig nutzbar gemacht werden.

4. Sackgasse: Hierunter verstehen wir Chancen mit wenig Potenzial und gleichzeitig auch geringen Fähigkeiten. Hier Energie und Ressourcen hineinzustecken, scheint wenig aussichtsreich.

Die Chancen-Matrix bietet eine einfache Möglichkeit, Prioritäten bei der Chancenverfolgung zu setzen. Beim Einsatz der Chancen-Matrix sind jedoch einige Dinge zu beachten. Hier unser Beipackzettel:

Betrachten Sie das Ergebnis nicht als erwiesene Wahrheit. Das vorgeschlagene Verfahren ist eine Arbeitshilfe, nicht mehr. Die Gefahr besteht andernfalls, schwache Signale für starke Geschäfte schlichtweg zu überhören. Und das Verfahren gibt dieser Hörschwäche dann auch noch die Legitimation, genau nachgerechnet und geprüft zu haben, und macht die Chancensuche damit ineffektiver, statt sie zu optimieren.

Bedenken Sie Unsicherheiten im Umfeld. Nehmen Sie die Chancen-Bewertung daher für jeweils unterschiedliche Umfeldszenarien vor. Potenziale, die unter aktuellen Bedingungen sehr günstig erscheinen, sind dann vielleicht unter geänderten Umfeldbedingungen kaum noch vorhanden. Auch die Auswahl, welche Chance denn verfolgt werden soll, fällt dann nicht mehr so leicht. Spielen Sie verschiedene Szenarien und Entscheidungen durch.

1. Schauen Sie sich das beste Ergebnis an.
   Gibt es ein Umfeldszenario, das überragende Gesamtwerte aufweist?
   Wollen Sie auf das große Los setzen?
2. Schauen Sie sich das ungünstigste Ergebnis an.
   Ist der Gesamtwert der Chance in einem Umfeldszenario sehr gering?
   Besteht die Gefahr, dass Sie in eine nicht vorhandene Chance investieren?
3. Wägen Sie gute und schlechte Gesamtwerte ab.
   Vergeben Sie ein Optimismus-Gewicht. Wenn Sie optimistisch sind, vergeben Sie dem besten Gesamtwert ein Gewicht von 0,75 und dem schlechtesten eines von 0,25. Wenn Sie eher zurückhaltend sind, gewichten Sie mit 60/40 oder 40/60. Wenn Sie eher pessimistisch sind, weisen Sie dem besten Gesamtwert nur ein Gewicht von 0,25 zu und dem schlechesten eines von 0,75. Welchen Gesamtwert erhalten Sie mit Ihrem persönlichen Optimismusfaktor?

Wenn Sie derartige Bewertungen häufiger vornehmen, bekommen Sie ein Gespür dafür, ob der ermittelte Wert dafür spricht, die Chancen-Idee weiterzuverfolgen oder lieber aufzugeben. Vielleicht kristallisieren sich auch

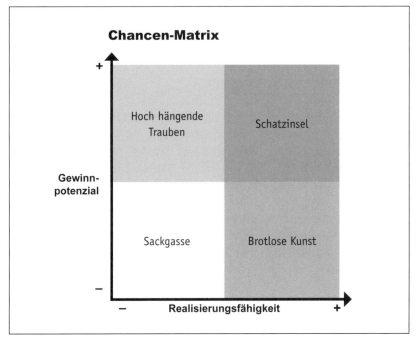

Abbildung 12: Chancen-Matrix

Schwellenwerte heraus, ab denen sich Chancen bislang als lohnenswert erwiesen haben.

Berücksichtigen Sie schließlich, dass die Chancenbewertung immer eine Frage der Perspektive ist. Chancen-Potenziale werden immer aus Sicht des jeweiligen Unternehmens, seiner Größe, Kostenstruktur und Marktstellung, bewertet. Ein Unternehmen mit einem Umsatz von 5 Millionen Euro und einer angestrebten Wachstumsrate von 10 Prozent wird ein Potenzial anders einschätzen als ein Unternehmen mit einem Umsatz von 500 Millionen Euro und einer angestrebten Wachstumsrate von 10 Prozent.

Ein geschätztes Potenzial von 0,5 Millionen Euro deckt den kompletten Wachstumsbedarf des ersten, aber nur einen Bruchteil des Wachstumsbedarfs des zweiten Unternehmens. Auch der erzielbare Deckungsbeitrag ist zu berücksichtigen. Je nachdem, welcher Deckungsbeitrag benötigt wird, um die Kostenstruktur im Unternehmen aufrechterhalten zu können, wird ein Potenzial mit einem Deckungsbeitrag von 20 Prozent unterschiedlich bewertet. Entsprechend wird auch die Einstufung in der Matrix ausfallen.

4.7 Der Rahmen muss stimmen

Die Suche nach Chancen-Ideen und die Nutzung von Erfolg versprechenden Chancen wird nur dann erfolgreich sein, wenn die Rahmenbedingungen im Unternehmen stimmen. Was aber heißt das? Um eine Antwort hierauf zu geben, muss man zunächst einmal die Klippen kennen, an denen der hoffnungsvolle Aufbruch in die Zukunft regelmäßig scheitert.

a. Klippen auf dem Weg zur Zukunftschance

Bei der Chancennutzung kommt es im Unternehmensalltag immer wieder zu Problemen. Unsere Erfahrung zeigt folgende Problemliste bei der Chancenverwertung:

Der Druck des Bestehenden: Die Versuchung, „das Gestern zu füttern und das Morgen verhungern zu lassen", wie Peter Drucker sagt. Alle Ressourcen, also Aufmerksamkeit und Zeit, Mitarbeitertage und Geld, werden in das Bestehende gesteckt, um das Bestehende am Laufen zu halten und Krisen abzuwenden, und dies scheint auch gerechtfertigt, denn Bestehendes, stetige und umfangreiche Erträge aus vorhandenen Produkten, sind ja auch notwendig, um Investitionen in die Zukunft überhaupt erst vornehmen zu können.

Die Kompetenz- bzw. Erfolgsfalle: Erfolgreiche, eingefahrene Vorgehensweisen dominieren die Wahrnehmung und das Denken, eine gewisse Selbstgefälligkeit macht sich auch breit, das Neue wird abgelehnt, Es wird daher durch das grundlegende Denken und die Tradition im Unternehmen legitimiert, sich auf das Bestehende zu konzentrieren.

Der Druck schlechter Kennzahlen: Schlecht gewählte Kennzahlen der Unternehmensperformance unterstützen dies weiter. Ein Beispiel ist die Fokussierung auf den Umsatz oder auf Ertragskenngrößen. Börsennotierte Unternehmen aufgepasst: Derartige Vorgaben belohnen es, das Bestehende weiter zu melken. Innovationen dagegen bringen anfänglich meist weniger Umsatz als eingeführte Produkte. Zudem ist ihr Ertrag am Anfang eher mäßig, wenn nicht gar negativ. Zu Beginn wird eben mehr an Aufwand hineingesteckt als an Ertrag zurückkommt. Neues ist daher kurzfristig wenig lohnenswert, wenn man die herrschenden Kennzahlen als Erfolgsmaßstab anlegt.

Die Kopplung schlechter Kennzahlen an das Gehalt bzw. an Boni: Der Negativeffekt schlechter Kennzahlen wird verschärft, wenn das Gehalt der Mitarbeiter bzw. Boni eines Bereiches an derartige Kennzahlen gekoppelt sind. Der Anreiz, sich um neue Chancen zu bemühen, wird zunichte gemacht. Man macht lieber Streckengeschäfte mit gut laufenden Produkten. Zudem wird der Austausch von Anregungen und Ideen, der zu einer Chance führen kann, unter den Kollegen bzw. Bereichen konterkariert. Ideen für Zukunftschancen behält man lieber für sich, der Kollege bzw. der andere Bereich ist viel zu sehr Konkurrent um den Umsatz, der daraus entstehen könnte. Auf den wertvollen Input des Kollegen bzw. des Bereiches, der eine Chancen-Idee erst zu einer echten Zukunftschance macht, wird lieber verzichtet. Dies hat zur Folge, dass maximal Halbgares auf den Markt geworfen wird, um damit kurzfristige Umsatzeffekte zu erzielen.

Klima der Verantwortungsscheu:

- Dies zeigt sich zunächst in dem Bestreben, nicht aufzufallen. Vorrangig ist das saubere Abarbeiten der Abteilungsaufgaben. Chancen sind jedoch häufig mit Anstrengung, Ärger und Risiko verbunden, sie erscheinen daher nicht lohnenswert, die Chancensuche geradezu als unvernünftig und kontraproduktiv. In einem solchen Klima ist es immer besser, Neues und damit Fehlschläge und unangenehmes Auffallen nicht zu riskieren.

- Verantwortungsdelegation: Für nichts wird Verantwortung übernommen, jede Entscheidung wird zur intensiven Prüfung an andere Abteilungen delegiert. Diese Frage soll Marketing, Training, Vertrieb etc. klären, heißt es dann.

- Schuldzuweisung: Man ist bestrebt, dass nichts hängen bleibt. E-Mails werden mit möglichst breitem Verteiler verschickt, um nachweisen zu können, dass alle informiert waren, dass an den Bereich xy ja noch eine Nachfrage gestellt wurde, die aber dann ohne Antwort blieb, dass fristgerecht geliefert wurde, dann aber der Bereich xy den nächsten Projektschritt nicht eingeleitet hat. Die Hauptsache ist dabei, dass man sauber raus ist.

Ein Klima der Verantwortungsscheu hat natürlich Folgen: Neues wird möglichst nicht auf den Tisch gebracht, nur im Notfall (sprich bei Marktdruck oder noch schlimmer auf Anweisung der höheren Hierarchiestufe) wird reagiert, dann aber wird alles abgesichert, wenn es nicht früher oder später ganz im internen Verantwortungsgerangel verendet. (Solange der Chef nicht mehr nachfragt, ist das auch kein Problem.) Chancen, wenn sie denn gesehen werden, verstreichen dabei natürlich ungenutzt.

Der unternehmensinterne Kampf bricht aus: Alte Hasen und Jung-Türken (also die Fraktion der jungen Modernisierer im Unternehmen) kämpfen um die Strategie. Die alten Hasen sitzen fest in der Erfolgsfalle, haben auch schon mehrere Anläufe zur Erneuerung scheitern sehen und sind daher grundsätzlich skeptisch. Die Jung-Türken dagegen sehen echte Marktchancen, wo die alten Hasen nur Phantasterei erkennen und versenkte Millionen befürchten. Selbst wenn beide Fraktionen die Zukunft weitgehend deckungsgleich einschätzen, kommt es bei der Sichtung von Chancen dann zu Differenzen. Diese Differenzen können recht schwerwiegend sein. Verdeckt ausgetragene Konflikte kommen plötzlich und mit viel Gepolter auf den Tisch. Letztlich wird die Machtfrage im Unternehmen gestellt. Die schlüssigeren Daten und Argumente zählen dann nicht mehr viel. Solange die Machtfrage nicht geklärt ist, ist die Chancennutzung gelähmt.

Angst vor dem Neuen und Unkontrollierbaren: Edward de Bono hat folgende Befürchtungen hinsichtlich des Neuen und des Unerwarteten, das daraus entstehen kann, ausgemacht: Zunächst einmal die reine Vorsicht, also die Neigung, generell auf der Hut zu sein, wenn neue Situationen und Bedingungen auftreten. Weiterhin spielt die Abneigung zu expandieren eine Rolle, also der Unwille, das gewohnte und vertraute Terrain zu verlassen. Hinzu kommt die Furcht vor möglichen unkontrollierbaren Folgen, dies sind die Angst vor einem Technologieschub, der aus einer Innovation entstehen könnte, sowie die Angst vor einem Chancenkrieg, der unter den Konkurrenten ausbrechen könnte.

Die Smart Talk-Falle, wie die beiden Management-Professoren Pfeffer und Sutton dies nennen. Sehr beliebt und weit verbreitet ist Reden als Ersatz für Handeln („Smart Talk"), das heißt Chancen werden gesehen, auch wortreich beschrieben und scharfsinnig analysiert, verstreichen aber ungenutzt. Symptome der Smart Talk-Falle sind das Einfordern von ausgefeilterem PowerPoint, neuen vertiefenden Analysen und umfassenderen Dokumentationen, die dann im Rahmen von immer neuen Meetings präsentiert und zu Tode diskutiert werden.

Letztlich kommt es zu dem, was Edward de Bono als „Chancendilemma" beschrieben hat. Für ein Unternehmen sind Chancen im Allgemeinen lebenswichtig. Ein Unternehmen stagniert oder stirbt, wenn keine Innovationen entwickelt werden. Diese Position wird jeder im Business bestätigen. Im Einzelnen und im Detail jedoch gibt es viele und gerechtfertigte Gründe, gerade diese Chance nicht zu nutzen. Wenn es darauf ankommt, bleibt man untätig.

Wie lässt sich das Chancendilemma auflösen? Was muss getan werden, welche Rahmenbedingungen müssen vorhanden sein, damit Zukunftswissen zu Markterfolgen wird? Unsere Antwort darauf lautet: Das Klima im Unternehmen muss stimmen (b.) und die Struktur der Organisation muss passen (c.).

b. Ein offenes unternehmerisches Klima schaffen
Im Unternehmen muss die Überzeugung vorherrschen, dass Innovationen das Überleben des Unternehmens, vor allem aber auch des eigenen Arbeitsplatzes sichern. Innovationssuche ist keine abgehobene neue Strategie. Erfolgreiche Innovation bedeutet, auch morgen noch am eigenen Schreibtisch arbeiten zu können und ein Gehalt dafür zu bekommen. Diese Überzeugung muss wirklich vorherrschen und darf nicht bloß Lippenbekenntnis sein.

Damit Innovationen integrierter Bestandteil des Unternehmensalltags werden, gewissermaßen in die DNA des Unternehmens eingehen, empfiehlt der Management-Guru Peter Drucker, auf den wir uns im Folgenden nochmals stützen, folgende Ansatzpunkte:

Systematische Stilllegung: Im Unternehmen muss kontinuierlich über den Fortbestand oder die Stilllegung von Produkten, Prozessen, Techniken, Märkten und Vertriebskanälen entschieden werden.

Die Entscheidungen müssen kontinuierlich getroffen werden, jährlich, vierteljährlich oder sogar monatlich. Vielleicht finden sogar regelmäßig Konferenzen statt. Das Bewusstsein für die Begrenztheit auch des Langlebigen und Erfolgreichen muss immer wach sein und Folgen haben. Dabei ist die alles entscheidende Leitfrage zu beantworten: Würden wir uns heute wieder hierfür entscheiden? Würden wir Kapital investieren?

Die Antwort zeigt, welches Bestehende zumindest mittelfristig weiterlebt und weiterbetrieben werden sollte. Es geht ja schließlich nicht nur darum, nach Neuem zu suchen. Die Antwort zeigt weiterhin, was ausrangiert wird. Kandidaten für die Stilllegung sind:

- unprofitable Geschäftsbereiche
- Geschäftsbereiche, die am Ende ihres Lebenszyklus angekommen sind
- Geschäftsbereiche, in denen es nicht gelingt, mit der Konkurrenz mitzuhalten

Stilllegen ist aber nur der erste, wenngleich auch schwierigste, weil schmerzhafteste Schritt. Im nächsten Schritt muss ermittelt werden, in welchem Ausmaß Neues nachgelegt werden muss. Dabei hilft die Gap-Analyse.

Gap-Analyse: Für eine Gap-Analyse wird zunächst eine Liste sämtlicher Produkte sowie sämtlicher Märkte erstellt, die das Unternehmen vertreibt bzw. in denen es tätig ist. Es wird gefragt, wie lange für diese Produkte und in diesen Märkten noch Wachstum zu erwarten ist und wann das Produkt veraltet und damit am Markt chancenlos ist.

Daraus kann man dann ableiten, was das Unternehmen zu erwarten hat, wenn es rein auf das Bestehende setzt. Es zeigt sich dabei, welche Lücke sich auftut zu den definierten Absatz-, Marktpositions- und Rentabilitätszielen. Diese Lücke ist das Minimum, das geschlossen werden muss, wenn das Unternehmen nicht in einen Abwärtssog geraten will.

Daraus wiederum wird der notwendige Innovationsaufwand definiert. Bei einer Fehlerquote von mindestens 1 zu 3 sind also mindestens drei Mal so viele Innovationseisen im Feuer zu halten, wie für das Schließen der Lücke erforderlich sind. Und dazu wiederum ist die Pipeline an neuen Ideen immer wieder neu aufzufüllen. Denn wenn von 1.000 Ideen nachher eine (Sie haben richtig gelesen) zu einem marktfähigen Produkt wird, sind Sie keine unrühmliche Ausnahme, sondern schlicht und einfach normaler Durchschnitt. Haben Sie heute schon neue Ideen in die Pipeline gegeben?

Weitere Ansätze, wie Innovationen zum integrierten Bestandteil des Unternehmensalltags werden, sind:

Innovationsplan: Sind die Analysen durchgeführt, Entscheidungen zur Stilllegung getroffen und der notwendige Innovationsaufwand abgeschätzt, ist ein unternehmerischer Innovationsplan aufzusetzen mit Zielen, Terminen und Chancenbudgets.

Eine Warnung ist hier jedoch noch angebracht: Ein Plan ist wichtig, damit sich die Innovationsanstrengung nicht im Durcheinander und in Zufälligkeiten verliert. Gleichzeitig muss aber immer auch Offenheit gegenüber dem Unerwarteten, beispielsweise unerwarteten Erfolgen in nicht geplanten Marktsegmenten oder Kundengruppen, gegeben sein. Das neue Produkt ist zwar für ein bestimmtes Marktsegment und dort für eine bestimmte Verwendung gedacht, der Erfolg stellt sich aber häufiger auch an ganz anderer Stelle ein. Eine verbreitete Reaktion darauf ist, es besser zu wissen und den ungeplanten Kunden abzulehnen. Wenn die Realität nicht dem Plan entspricht, umso schlimmer für die Wirklichkeit. Hier kann etwas nicht stimmen, die Interessenten verstehen einfach nicht, dass das Produkt nicht für sie gedacht ist. Wir plädieren dagegen dafür, das Ungeplante als Chance zu sehen und erneut in die Planung einzusteigen.

Innovationsbewertung: Schließlich müssen die Leistungen im Bereich Innovation systematisch bewertet und gemessen werden.
- Vergleichen Sie dazu zunächst die erzielten Ergebnisse mit Ihren Erwartungen. Sind Sie zu optimistisch oder zu pessimistisch? In welchen Bereichen waren Sie gut, in welchen Bereichen hapert es? Warum unterschätzen Sie immer wieder das Zeiterfordernis?
- Entwickeln Sie ein systematisches Kontrollsystem für Ihre Innovationsleistungen. Dazu brauchen Sie kein ausgeklügeltes Controlling. Wählen Sie ein paar einfache, relativ eindeutige und leicht zu erfassende Kennzahlen (beispielsweise Abweichung vom geplanten Umsatz, Abweichung vom geplanten Ressourceneinsatz oder Zeitplan). Prüfen Sie regelmäßig nach, wie eine Innovation nach diesen Kriterien abschneidet.
- Bewerten Sie die Gesamtinnovationsleistung Ihres Unternehmens gemessen an Ihren Innovationszielen und Ihrer Marktposition. Fragen Sie sich, ob Sie genug an der Chancennutzung und Innovation arbeiten, egal ob als mittelständisches Unternehmen oder als Großunternehmen.

c. Organisationsstrukturen

Die geschilderten Ansätze sorgen (hoffentlich) für Offenheit im Denken. Aufgeschlossenheit alleine reicht aber nicht. Es müssen auch einige Grundkonstanten in der Organisationsstruktur stimmen. Erfolgreiche Innovation ist an Prozesse und Strukturen gebunden. Dies sind:

Eine angesehene Führungskraft in hoher Position muss für die Innovation verantwortlich sein, kein Linienmanager aus dem laufenden Betrieb. Die Führungskraft muss die Innovation notfalls verteidigen können. Dar-

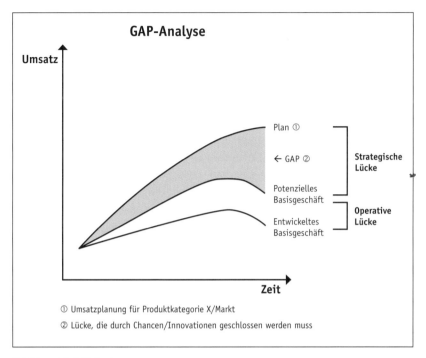

Abbildung 13: GAP-Analyse

aus muss kein Vollzeitjob werden, was in kleineren Unternehmen auch gar nicht möglich ist.

Organisatorische Trennung des Neuen vom Bestehenden: Allzu häufig schon ist ein Unternehmen gescheitert, wenn eine neue Zukunftsaufgabe einem bestehenden Geschäftsbereich überantwortet wurde. Der Grund: Das Bestehende fordert permanente Aufmerksamkeit, viel Zeit- und Arbeitsaufwand. Entscheidungen, die die Zukunft betreffen, werden daher immer wieder aufgeschoben. Erschwerend kommt hinzu, dass das Bestehende die Masse der Erträge stellt, während das Neue demgegenüber eher unscheinbar und mickrig wirkt. Mit vollem Recht konzentriert man sich daher auf das Bestehende. Dies geschieht dann solange, bis es für das Neue zu spät ist.

Andere Maßstäbe für Innovationen: Die Innovation kann nicht dieselben Lasten tragen wie ein etabliertes Produkt. Andere Maßstäbe, Regeln und Richtlinien sind notwendig. Erträge aus Innovationsprojekten unterscheiden sich klar von Erträgen aus laufenden Geschäften. Eine Vorgabe für das laufende Geschäft könnte beispielsweise 15 Prozent Gewinn und 10 Prozent Wachstum pro Jahr einfordern. Für Innovationen macht dies keinen Sinn. Die Vorgabe ist zu hoch und gleichzeitig aber auch zu niedrig. Denn lange Zeit, manchmal über Jahre hinweg, ist bei Innovationen nicht mit Gewinnen zu rechnen. Stattdessen wird nur Energie, Geld und sonstige Ressourcen hineingesteckt. Dann aber muss das Neue stark wachsen, deutlich mehr als 10 Prozent pro Jahr, und hohe Gewinne einspielen, deutlich mehr als 15 Prozent. Gelingt dies nicht, muss das Neue als gescheitert angesehen werden. Wann dies wiederum der Fall ist, ist nur individuell zu beantworten.

Mitarbeiterauswahl: Eine verbreitete Empfehlung ist, auf kreative Persönlichkeiten zu setzen, um die Innovationsarbeit zum Erfolg zu führen. Aber gibt es die überhaupt? Und soll der angehende Innovations-Verantwortliche erst den psychologischen Eignungs-Test bestehen? Wir sagen in beiden Fällen Nein. Machen Sie es nicht zu kompliziert. Unsere Erfahrung zeigt vielmehr: Wer den Finger hebt, wenn der Innovationsposten angeboten wird, fühlt sich mit dem Neuen und dem Stress, der damit verbunden ist, auch wohl. Alle anderen ducken sich weg, bis der Innovations-Kelch an ihnen vorübergegangen ist.

Freiräume für Mitarbeiter: Denken Sie ebenfalls daran, den Mitarbeitern mit Innovationsehrgeiz auch den nötigen Freiraum einzuräumen. Das Unternehmen 3M, das „Erfinder-Unternehmen", wie es sich selbst nennt, hat dafür die 15 Prozent-Regel geschaffen. 15 Prozent der Arbeitszeit steht als Freiraum für Chancensuche und Ideenentwicklung zur Verfügung. Google nutzt die 70/20/10-Regel, die 70 Prozent der Arbeitszeit für das Kerngeschäft vorsieht, 20 Prozent für Geschäfte im Zusammenhang mit dem Kerngeschäft und 10 Prozent für neue Geschäftsideen. Sicherlich, nicht jedes Unternehmen wird 10 bis 15 Prozent der Arbeitszeit freigeben können und auch wollen, um mit neuen Ideen zu experimentieren. Aber ohne wie auch immer geartete Freiräume geht es nicht. Schaffen Sie Ihre eigene Regel, die zu Ihrer Branche und vor allem zu der Entwicklungsphase Ihres

Unternehmens passt. Sehen Sie sich auch noch mal die Schrägen Regeln von Professor Sutton an.

e. Unterstützungsinfrastruktur: Richten Sie darüber hinaus eine geeignete Unterstützungsinfrastruktur für neue Ideen ein. Hier einige Ansätze:

- Programme zur Mitarbeiterentwicklung: Fördern und entwickeln Sie Mitarbeiter mit Innovationsambitionen.
- Aufbau einer Ideendatenbank: Eine einfache zentrale Datei in Ihrem Netz reicht, um neue Ideen dort zu hinterlegen und für alle zugänglich zu machen. Vielleicht nutzen Sie ein Wiki, damit Änderungen und Ergänzungen problemlos hinzugefügt werden können.
- Nutzen Sie regelmäßige Kundenkontakte oder auch Kundenbeschwerden, um Pain Points der Kunden zu ermitteln. Entwickeln Sie dafür einfache Formulare, geben Sie die Informationen in eine zentrale Datei ein.
- Beobachten Sie Ihre Wettbewerber. Hat Ihr Konkurrent eine gute Idee, die Sie kopieren können? Halten Sie auch diese Ideen in einer Datenbank fest.
- Entwickeln Sie zumindest in Grundzügen einen Rahmen zur Entwicklung von Ideen in marktfähige Innovationen. Halten Sie Ihre Anforderungen fest, definieren Sie Kenngrößen, planen Sie Meilensteine. Daraus soll keine Projektbürokratie werden. Eine gewisse Ordnung im Prozess ist aber hilfreich. Finden Sie dabei den richtigen Mix aus Prozesskontrollen und inhaltlichen Kontrollen. Bei ersteren werden Rahmenbedingungen und Richtlinien für den Prozess der Chancensuche und der Ideenentwicklung vorgegeben. Bei letzteren wird eine Innovations-Agenda inhaltlich definiert, aus der einzelne Projekte und Initiativen abgeleitet werden. Deren Weiterverfolgung bleibt eher offen.
- Beteiligen Sie Ihre Mitarbeiter am Innovationserfolg, beispielsweise über Profit-Sharing, Boni oder Aktienoptionen.

4.8 Sind Sie bereit für Ihre Zukunftschancen?

Wie sieht es bei Ihnen selbst und/oder in Ihrem Unternehmen mit den Rahmenbedingungen für eine erfolgreiche Chancennutzung aus? Sind Sie gerüstet? Wo gibt es Bedarf zum Nachbessern?

Prüfen Sie sich und/oder Ihr Unternehmen anhand der folgenden Checkliste.

Orga-Check auf Future Fitness	Erfüllungsgrad nein = 0, teils/teils = 1 ja = 2
Foresight	
Verfolgen Sie kontinuierlich und systematisch die Zukunftsentwicklung in Ihrem weiteren Umfeld?	
Verfolgen Sie kontinuierlich und systematisch die Zukunftsentwicklung in Ihrer Branche?	
Gibt es ein regelmäßiges Berichtswesen oder Meetings zum Thema Zukunft?	
Wird in Ihrem Unternehmen mindestens halbjährlich über den Fortbestand oder die Stilllegung von Produkten, Märkten und Vertriebskanälen beraten?	
Prüfen Sie regelmäßig, wie viel Sie in der Innovations-Pipeline an neuen Ideen und Projekten nachlegen müssen?	
	Teilscore
Chancenentwicklung	
Suchen Sie regelmäßig die (8) Suchfelder über Chancen ab?	
Nutzen Sie regelmäßige Kundenkontakte oder auch Kundenbeschwerden, um Pain Points der Kunden zu ermitteln?	
Beobachten Sie kontinuierlich Ihre Wettbewerber auf neue Ideen und Chancen?	
Nutzen Sie in Ihrem Arbeitsalltag Formulare, um Chancen-Ideen festzuhalten?	
Haben Sie eine Ideendatenbank, um neue Ideen dort zu hinterlegen und für alle zugänglich zu machen?	
Nutzen Sie Methoden zur Ableitung von Chancen (z. B. Brainstorming, Methode 6–3–5, Osborne-Checkliste)?	
Gibt es ein regelmäßiges Berichtswesen oder Meetings zur Chancennutzung?	
	Teilscore

Abbildung 14a: Orga-Check auf Future Fitness

Orga-Check auf Future Fitness (Fortsetzung)	Erfüllungsgrad
Innovationsprojekte	
Stellen Sie Innovationspläne auf, mit Budgets, Verantwortlichen und Zeitplänen?	
Haben die Leiter von Innovationsprojekten im Rahmen des Innovationsplanes die volle Kontrolle über die erforderlichen Ressourcen und Maßnahmen?	
Bewerten Sie regelmäßig den Fortschritt und das Ergebnis Ihrer Innovationsbemühungen?	
Gelten für Innovationen andere Maßstäbe, Regeln und Richtlinien?	
Teilscore	
Unterstützungsinfrastruktur	
Ist eine angesehene Führungskraft in hoher Position für die jeweilige Innovation verantwortlich?	
Ist das Innovationsvorhaben vom laufenden Geschäft organisatorisch abgetrennt?	
Ist das Innovationsprojekt gleichberechtigt zur Linienorganisation für das laufende Geschäft?	
Werden Mitarbeiter mit Innovationsambitionen gefördert?	
Haben innovationsfreudige Mitarbeiter den nötigen zeitlichen Freiraum?	
Gibt es in Ihrem Unternehmen eine Mitarbeiterbeteiligung am Innovationserfolg (Profit-Sharing, Boni oder Aktienoptionen)?	
Teilscore	

Abbildung 14b: Orga-Check auf Future Fitness

Auf Basis Ihrer Antworten können Sie sich nun einem der folgenden Muster zuordnen. Wir haben einige der in der Praxis häufig anzutreffenden Muster definiert. Wir wissen natürlich, dass die Geschäftswelt sehr facettenreich ist. So lassen wir Ihnen auch Platz für Ihr individuelles Muster.

Typische Muster

Grau markiertes Feld: Wenn Sie im jeweiligen Test mindestens 50 Prozent der erreichbaren Punkte erzielt haben.

Foresight	Innovations-projekte
Chancen-entwicklung	Unter-stützungs-infrastruktur

Bedrohte Art
Sie haben keine zukunfts-orientierte Organisation, Ihre Voraussetzungen für das Erleben im Future Business sind schlecht.

Foresight	Innovations-projekte
Chancen-entwicklung	**Unter-stützungs-infrastruktur**

Auf der Sternwarte
Bei Ihnen wird kontinuierlich in die Zukunft gesehen, Herausforderungen werden gesehen, jedoch nicht stringent abgeleitet und vor allem nicht genutzt.

Foresight	Innovations-projekte
Chancen-entwicklung	Unter-stützungs-infrastruktur

Smart Talk-Profi
Sie praktizieren eine gute und konsequente Analyse, aber zu wenig Handlung, die das Überleben sichert.

Foresight	**Innovations-projekte**
Chancen-entwicklung	Unter-stützungs-infrastruktur

Innovationsakrobat
Guter Start in die Zukunftsarbeit, aber der Prozess hängt in der Luft und muss gegen widrige Umstände durchgesetzt werden, die unterstützende Infrastruktur fehlt.

Foresight	**Innovations-projekte**
Chancen-entwicklung	Unter-stützungs-infrastruktur

Trend-Surfer
Es wird viel angestoßen, aber ohne gründliche Chancen-Analyse und ohne echte unternehmensinterne Verankerung.

Foresight	**Innovations-projekte**
Chancen-entwicklung	**Unter-stützungs-infrastruktur**

Überlebensprofi
Sie sind voll ausgerüstet für das Überleben in turbulenten Zeiten, Gratulation!

Abbildung 15: Typische Muster

5.
Zehn Schritte für Montag Morgen

Wir freuen uns, dass Sie uns in Ihrer Lektüre bis hierhin gefolgt sind. Wir hoffen, es hat Ihnen nützliche Einsichten vermittelt und dabei auch noch Spaß gemacht.

Letztlich entscheidend ist aber der Nutzen, den Sie aus Ihrer Lektüre ziehen können. Wir fordern Sie auf, Ihre Chancen zukünftig optimal zu nutzen. Fangen Sie gleich Montag Morgen damit an. Die ersten zehn Schritte präsentieren wir Ihnen nachfolgend.

Wir wünschen viel Erfolg!

1. Starten Sie optimistisch in den Tag. Verbreiten Sie auch in Ihrem Umfeld Optimismus.
2. Planen Sie Ihre Arbeitswoche. Schaffen Sie Freiräume für die Zukunftsarbeit. Unnötige Termine und Meetings können Sie getrost abblasen. Sie werden feststellen, Sie verpassen nichts. Befreien Sie sich auch von den Zwängen Ihrer Unternehmenskultur. Lassen Sie sich nicht zum Klon machen.
3. Räumen Sie auch Ihren Mitarbeitern bzw. Ihrem Team oder Ihrer Abteilung den nötigen Freiraum ein, zeitlich, vor allem aber auch inhaltlich. Denken Sie daran: Ihre Aufgabe ist nicht das Züchten von Unternehmens-Klonen. Sie brauchen auch kreative Querdenker.
4. Ab heute sind Sie Chancen-Jäger und kein Zahlen-Sammler. Definieren Sie das Jagdgebiet für diese Woche. Streifen Sie durch die Chancenfelder.
5. Verlassen Sie sich auch auf Ihren Jagd-Instinkt, der aus dem Bauch kommt. Seien Sie wachsam, auch bei schwachen Signalen aus der Ferne.
6. Laufen Sie nicht jeder Fährte hinterher. Sie müssen lernen, die zielführenden Spuren zu erkennen. Bewerten Sie Ihre Chancen richtig.
7. Richten Sie Ihr Beuteschema neu aus! Jagen Sie auch Frauen und Senioren!
8. Bemühen Sie sich, Ihre Kunden (noch) besser zu verstehen! Schauen Sie sich Ihre Kunden live beim Verwenden Ihrer Produkte oder Services an. Machen Sie noch für diese Woche mindestens einen Termin zum Kunden-Kennenlernen.
9. Jagen Sie im Rudel. Im Team geht vieles leichter. Kooperieren Sie auch mit Externen, wenn sie selbst nicht über die Ressourcen verfügen.

10. Lassen Sie sich von fehlendem Jagdglück nicht entmutigen! Lernen Sie von den Chinesen: Das Schriftzeichen für Krise ist aus den Zeichen für „Gefahr" und „Chance" zusammengesetzt. Jede Krise ist damit die Chance für einen Neubeginn!

Abbildung 16: Schriftzeichen „Krise" und „Chance"

6.
Futuring in Aktion – Aus dem Protokoll des Future-Round Tables

Zum Schluss möchten wir Ihnen einen Eindruck davon vermitteln, welche Erkenntnisse und Ansätze zu erwarten sind, wenn Sie Montag Morgen mit Ihrer Zukunftsarbeit beginnen. Dies machen wir an einem Fallbeispiel deutlich.

Zum Thema „Zukunft des Krankenhauses" sprachen und diskutierten wir mit erfahrenen Managern aus der Krankenhausszene (Krankenhausträgergesellschaft, Fachklinik). Hier ein Auszug aus dem Protokoll unseres Future-Round Tables „Krankenhaus":

1. Risiken im Krankenhausgeschäft

a. Stagnationsrisiken

Der Krankenhausmarkt ist kein Markt im klassischen Sinne, dieser Markt wird vom Gesetzgeber und damit von den Krankenkassen gedeckelt.

Einer mittelfristig garantiert zunehmenden Zahl von Patienten, resultierend aus der Überalterung der Gesellschaft und einem unaufhaltsamen medizinischen Fortschritt, stehen begrenzte Budgets gegenüber. Zur Wahrung der Beitragsstabilität werden die Budgets eingefroren, die Leistungen der Kliniken werden jedoch immer umfangreicher. Trotz zunehmender Verweildauer der Patienten und steigenden Fallzahlen stagniert dieser Markt unter dem Strich, dies trotz günstigster Bevölkerungsprognosen.

b. Branchen- und Wettbewerbsrisiken

Das Krankenhaus ist ein regionales Geschäft, geschätzte 95 Prozent aller Patienten kommen aus einem Umkreis von 30 bis 40 km in Ballungsräumen und maximal 100 Kilometer in ländlichen Gebieten. Der Wettbewerb findet hauptsächlich in unmittelbarer Nachbarschaft statt. Bei Spezialisten sind die Einzugsradien tendenziell größer.

Es hat jedoch Veränderungen gegeben. Private Anbieter wie Helios oder Sana gewinnen an Bedeutung und schaffen es durch geschicktes Marketing, den regionalen Marktanteil auszubauen. In speziellen Fachrichtungen wird auch überregional Potenzial akquiriert.

Interessant bei Helios ist, dass bei dieser Fresenius-Tochter die Beschaffung von Medikamenten und Betriebsmitteln sowie die Verwendung unter einem Dach erfolgen, ein erfolgreiches vertikales Vermarktungskonzept.

Weiterer Wettbewerb entwickelt sich in Form der ambulanten OP-Zentren. Diese nehmen den Krankenhäusern bei gutem Konzept und Marketing ebenfalls Potenzial. Die Krankenhäuser haben das Problem erkannt und richten solche Zentren verstärkt selbst ein.

Risiken durch ausländische Anbieter sind derzeit im klassischen Krankenhausgeschäft nicht auszumachen. Sehr wohl erfolgt eine grenzüberschreitende Versorgung innerhalb der üblichen, bereits geschilderten Radien.

Anders sieht es jedoch in der Kurbranche aus. Die hohen zu entrichtenden Eigenanteile führen durchaus dazu, dass Billigangebote aus dem Ausland zunehmend angenommen werden.

Insgesamt ist auf der Wettbewerbsseite der klassischen Krankenhäuser keine Discountwelle zu erwarten. Die gesetzlich vorgegebenen Reglementierungen wie zum Beispiel die Kataloge werden diese „Vertriebsform" auch in Zukunft verhindern.

Und so lange die Leistungen im Rahmen eines Klinikaufenthaltes auch zu 100 Prozent von den Kassen übernommen werden, wird auch „Geiz ist Geil" in dieser Branche keine Chance haben. Zudem sind in Deutschland auch fast alle Bürger versichert, Walk In Kliniken, die beispielsweise in den USA an Wal Mart-Verbrauchermärkte angegliedert sind, wird es in absehbarer Zeit in Deutschland nicht geben.

Unsere Spezialisten erwarten daher auch keine revolutionären Veränderungen in der Branche, denn die Masse der bestehenden Anbieter wird ihre Hausaufgaben machen und die sich bietenden Chancen nutzen. Einmütig werden jedoch den Grundversorgern auf dem flachen Land geringere Chancen eingeräumt.

c. Kundenrisiken

Die Patienten sind immer besser informiert, online kann heute die beste Klinik ausgewählt werden. Die Infektionsrisiken und OP-Ergebnisse können bereits vielfach über das Internet abgerufen werden. Auch das Anspruchsniveau der Patienten ist gewachsen, so wird heute für die seltener gewordenen Geburten das absolut beste Haus ausgewählt.

Erfolgreiche Krankenhäuser müssen den zunehmenden Kundenanforderungen gerecht werden, der Patient und seine individuellen Anforderungen werden immer mehr im Fokus stehen müssen.

d. Übergangsrisiken

Es wird in absehbarer Zeit keine Revolution bei der Telemedizin geben, auch die Zusendung einer Audiodatei mit dem Husten des Patienten zwecks Identifikation des konkreten Katarrhs ist derzeit nicht denkbar. Auch der ferngesteuerte OP-Roboter ist momentan noch nicht als Alternative sichtbar.

Auch aufgrund der gesetzlichen Reglementierungen wird es nur eine Evolution, keine Revolution geben.

2. Relevante Trends für das Krankenhaus

Wir haben bereits angeführt, dass der Megatrend Globalisierung keine oder kaum Auswirkungen auf die Krankenhausbranche hat.

a. Überalterung der Gesellschaft

Sehr wohl begünstigt aber die zunehmende Überalterung der Bevölkerung die Krankenhäuser.

b. Female Power

Die Female Power, anfänglich als eher wenig relevant angesehen, hat im Rahmen der Diskussion doch an Bedeutung gewonnen. Bereits heute gibt es erste Anbieter, die spezielle Kniegelenke für Frauen herstellen, diese sollen besser passen. Auch der Schönheitschirurgie werden große Chancen eingeräumt.

Female Power wird auch auf der Mitarbeiterseite deutlich, so ist die Mehrzahl der Krankenhausärzte heute weiblich, es fehlt einfach an entsprechend qualifizierten Männern.

c. Health Style
Auch die zunehmende Tendenz zum Health Style führt zu einer positiven Nachfrageentwicklung und zu neuen Herausforderungen rund um die Gesundheit.

Krankenhäuser müssen heute diversifizieren. Es entstehen immer mehr spezielle Zentren, die eine spezifische Behandlung anbieten. Auch alle Angebote rund um die Prävention werden immer wichtiger, ein angeschlossenes, allgemein zugängliches Fitness-Studie ist keine Vision mehr.

d. Real Life
Der medizinische Fortschritt steht grundsätzlich im Gegensatz zu Retro-Trends. Interessantes Ergebnis der Diskussion war jedoch, dass eine auf den ersten Blick antiquierte Ordensschwester Vertrauen schafft und die Patienten in ihrem Qualitätseindruck stärkt.

Auch rustikale Backsteinbauten werden vielfach bereits als Alternative zu den modernen Glaspalästen gesehen. Also durchaus auch Retro in der High Tech-Branche.

e. Geiz ist Geil
Das Thema „Geiz ist geil" ist auf der Ebene der Krankenhäuser nie angekommen. Es steigt sogar der Anteil der „Upgrader", das heißt es wird aus eigener Tasche ein komfortableres Zimmer genommen. Für die Gesundheit und auch die Prävention wird Geld ausgegeben. Geld ist dabei nicht das Thema.

f. Marketingtrends
Heute wird in den erfolgreichen Kliniken bereits viel mehr Marketing praktiziert als früher. Auch die Patientenzufriedenheit wird regelmäßiger gemessen. Die Aktivitäten zur Motivation der niedergelassenen Ärzte werden verstärkt. Zielsetzung ist dabei, die Einweisungen zu erhöhen. Chancen werden dort durch besonders ausgefallene Angebote genutzt.

g. Web 2.0
Die Bedeutung des Webs und damit auch von Foren und Blogs wird gesehen, gerade bei jüngeren Patienten wird die Notwendigkeit deutlich, deren Kommunikation zu monitoren.

h. Vertriebstrends
Einzelkämpfer werden auch in dieser Branche auf der Strecke bleiben.

Größere Einheiten sind auf dem Vormarsch. Damit sind nicht nur die großen Konzerne gemeint. Es wird zunehmend mehr Verbindungen zwischen ähnlichen Krankenhäusern geben, bis zu hin zu einer Holding, die verschiedene Häuser unter einem Dach vereint. Klassische Franchisesysteme sind noch nicht zu sehen, können aber kommen. Mit Klinotel hat sich aber bereits eine gemeinsame Vermarktungsoffensive gebildet.

Die kleinen Grundversorger in kleineren Gemeinden müssen Nischen finden, um zu überleben. Dies wird jedoch immer schwieriger. Über Chancen verfügen die überregional agierenden Spezialisten mit einzigartigem Angebot. Solche Angebote können aus der Orthopädie, der Urologie, der Schönheitschirurgie und der Augenheilkunde kommen.

3. Zukunftshaltung
Nachdem wir Risiken und Trends diskutiert haben, sprachen wir über die Zukunftshaltung der Verantwortlichen in Krankenhäusern. Dabei zeigte sich, dass die anzutreffende Zukunftshaltung „gedrittelt" werden kann: Ein Drittel der Verantwortlichen wurde als Jammerer eingestuft und ein Drittel als aktive und zukunftsorientierte Manager. Das fehlende Drittel liegt dazwischen.

Ein klassischer Think Tank wird in Krankenhäusern naturgemäß nicht eingerichtet werden können. Ein Budget von 80 bis 100.000 Euro, das für eine derartige Zukunftsarbeit aufgewendet werden müsste, ist einfach nicht darstellbar. Vielleicht ist dies auf der Ebene der großen Konzerne möglich. Auch in größeren Häusern oder Verbünden wird diese Aufgabe von einem Assistenten der Geschäftsleitung wahrgenommen. Der Geschäftsführer selbst wird auf solche Aufgaben maximal 20 bis 30 Prozent seiner Zeit verwenden können.

Wir diskutierten auch die schräge Idee des Einstellens von unsympathischen Mitarbeitern, um die Vielfalt von Perspektiven zu fördern. Spontan ist diese Idee natürlich durchgefallen, sie hat jedoch durchaus zum Nachdenken angeregt.

Interessent ist die Anregung, regelmäßig intern oder klinikübergreifend Round-Table-Brainstorming-Gespräche durchzuführen. Dabei sollte das klinische und kaufmännische Personal teilnehmen.

Auch das Bauchgefühl wurde diskutiert. Entscheidungen aus dem Bauch sind grundsätzlich durch Budgets begrenzt. Größere Investitionen können nicht ohne Weiteres intuitiv vorgenommen werden. Trotzdem sind Bauchentscheidungen an der Tagesordnung, denn zu formale Akte kosten zu viel Zeit, eine schnelle Entscheidung bringt hingegen Wettbewerbsvorteile.

4. Chancen

Mit unerwarteten Chancen wird nicht gerechnet. Die Grundlagenforschung ist einfach zu langfristig. Auch die grundsätzlichen Gesundheitsstrukturen in Deutschland werden sich kurzfristig und auch mittelfristig nicht ändern.

Bei neuem Wissen ist auch keine Revolution zu erwarten, es bleibt bei der Evolution. Unsere Gesprächspartner erwarten auch keine Umwälzung im „Vertrieb" von Krankenhausleistungen. Ohne den menschlichen Kontakt ist die Gesundheitsbehandlung auch in näherer Zukunft nicht denkbar. Der Patient kommt zum Krankenhaus, nicht das Krankenhaus zum Patienten.

Als interessant wurde noch das Retro-Thema angesehen. Retro in Form von Ordensschwestern oder -brüdern scheitert jedoch am Angebot, der Ordensnachwuchs fehlt.

Als Ergebnis der Diskussion wurden insbesondere Chancen rund um das Thema Health Style gesehen. Dabei fielen Stichworte wie

- Fitnessstudio,
- Prävention,
- Aftersales (hier Nachbehandlung),

- Sanitätshaus,
- Ärztehaus,
- alternative oder traditionelle Medizin,
- Wellness und
- OP.

Wie solche Angebote konkret aussehen, wird hier natürlich nicht verraten.

Nach unserer Einschätzung bleibt natürlich das angestammte Primärgeschäft im Mittelpunkt, bei entsprechendem Querdenken werden jedoch große Chancen für Zusatzservices offensichtlich.

Wer kümmert sich beispielsweise um die aktuell mehr als eine Million Demenzkranken, deren Anteil sich in den nächsten 30 Jahren explosionsartig entwickeln wird?

Oder warum sollen im Rahmen eines luxuriösen Wellness-Urlaubs nicht gleichzeitig aufgeschobene medizinische Leistungen in Anspruch genommen werden? Kein „Klinotel", sondern ein „Hotklin".

Danksagung

Wir möchten allen Personen danken, die uns bei der Abfassung des Buches unterstützt haben.

Besonders bedanken wollen wir uns bei unseren Kunden, die dem Buch die nötige Praxisnähe gegeben haben. Unser Dank gilt auch allen Interviewpartnern, mit denen wir unsere Gedanken diskutieren durften. Gunnar Grieger danken wir dabei für besonderes Engagement und wertvollen Input.

Unsere Kollegen bei ABH haben uns mit viel kreativem Input unterstützt. Nur so war ein Buch aus der Praxis und für die Praxis möglich. Bei Julia Rathmann bedanken wir uns für das Engagement und die Übersicht bei der Erstellung der Grafiken.

Vor allem bedanken wir uns bei unseren Ehefrauen, Astrid und Pia, die permanentes Diskutieren über Trends und Zukunftschancen sowie Wochenendarbeit mit Gelassenheit und Verständnis ertragen haben.

7. Literatur

Aburdene, Patricia: Megatrends 2010. The Rise of Conscious Capitalism. Hampton Roads, Charlottesville 2005.
Becker, Helmut: Auf Crashkurs. Automobilindustrie im globalen Verdrängungswettbewerb. Springer, Berlin 2007.
Bosshart, David: Billig. Wie die Lust am Discount Wirtschaft und Gesellschaft verändert. Ueberreuter, Wien 2004.
Cartmill, Robert H.: The Next Hundred Years ... Then and Now. Xlibris Corporation, Philadelphia 2002.
Christensen, Clayton M.; Anthony, Scott D.; Roth, Erik A.: Seeing What´s Next. Harvard Business School Press, Boston 2004.
Cornish, Edward: Futuring. The Exploration of the Future. World Future Society, Bethesda 2004.
De Bono, Edward: Chancen. Das Trainingsmodell für erfolgreiche Ideensuche. Econ Verlag, Berlin 1989.
De Geus, Arie: The Living Company. Habits for Survival in a Turbulent Business Environment. Harvard Business School Press, Boston 2002.
Drucker, Peter: Innovations-Management für Wirtschaft und Politik. Econ, Berlin 1986.
Eggert, Ulrich: Harter Wettbewerb im Handel. Metropolitan, Regensburg 2003.
Fink, Alexander; Schlake, Oliver; Siebe, Andreas: Erfolg durch Szenario-Management. Prinzip und Werkzeuge der strategischen Vorausschau. Campus, Frankfurt am Main 2002.
Gigerenzer, Gerd: Bauchentscheidungen. C. Bertelsmann, München 2007.
Gilmore, James H.; Pine, B. Joseph: Authenticity. What Consumers Really Want. Harvard Business School Press, Boston 2007.
Grünewald, Stephan: Deutschland auf der Couch. Eine Gesellschaft zwischen Stillstand und Leidenschaft. Campus Verlag, Frankfurt am Main 2006.
Haas Edersheim, Elisabeth: Peter F. Drucker – Alles über Management. Redline, München 2007.
Hamel, Gary: Das revolutionäre Unternehmen. Econ Verlag, Berlin 2001.
Hamel, Gary; Prahalad, C. K.: Wettlauf um die Zukunft. Carl Ueberreuter, Wien 1997.
Horx, Matthias: Future Fitness. Eichborn, Frankfurt am Main 2003.
Horx, Matthias: Anleitung zum Zukunfts-Optimismus. Warum die Welt nicht schlechter wird. Campus Verlag, Frankfurt am Main 2007.

Horx, Matthias; Wippermann, Peter: Was ist Trendforschung? Econ, Berlin 1996.
Joachimsthaler, Erich: Marketing auf Innovationskurs. Moderne Industrie, Landsberg 2008.
Johansson, Frans: The Medici Effect. Breakthrough Insights at the Intersection of Ideas, Concepts & Cultures. Harvard Business School Press, Boston 2004.
Kahn, Herman; Wiener, Anthony J.: Ihr werdet es erleben. Voraussagen der Wissenschaft bis zum Jahre 2000. Molden, München 1968.
Kahn, Herman: Vor uns die guten Jahre. Ein realistisches Modell unserer Zukunft. Molden, München 1977.
Maxeiner, Dirk; Miersch, Michael: Die Zukunft und ihre Feinde. Wie Fortschrittspessimisten unsere Gesellschaft lähmen. Eichborn, Frankfurt am Main 2002.
Maxeiner, Dirk; Miersch, Michael: Biokost & Ökokult. Piper, München 2008.
Mintzberg, Henry; Ahlstrand, Bruce; Lampel, Joseph: Strategy Bites Back. It is far more and less, than you ever imagined. Pearson Prentice Hall, Upper Saddle River, New Jersey 2005.
Naisbitt, John: Megatrends. 10 Perspektiven, die unser Leben verändern werden. Hestia, Bayreuth 1984.
Naisbitt, John: Mind Set! Wie wir die Zukunft entschlüsseln. Hanser, München 2007.
Peters, Tom: Re-imagine! Spitzenleistungen in chaotischen Zeiten. Dorling Kindersley, München 2004.
Pfeffer, Jeffrey; Sutton, Robert I.: The Knowing-Doing Gap. Harvard Business School Press, Boston 2000.
Pöppel, Ernst: Zum Entscheiden geboren. Hirnforschung für Manager. Hanser, München 2008.
Riesenbeck, Hajo; Perrey, Jesko: Marketing nach Maß. Von der Vielfalt profitieren. Redline Wirtschaft, München 2007.
Rosenzweig, Phil: Der Halo-Effekt. Wie Manager sich täuschen lassen. Gabal, Offenbach 2008.
Scoble, Robert; Israel, Shel: Naked Conversations. Wiley & Sons, Hoboken, New Jersey 2006.
Simon, Hermann: Hidden Champions des 21. Jahrhunderts. Die Erfolgsstrategien unbekannter Weltmarktführer. Campus, Frankfurt am Main 2007.

Slywotzky, Adrian J.: The Upside. The 7 Strategies for Turning Big Threats into Growth Breakthroughs. Crown Business, New York 2007.
Steinmüller, Angela; Steinmüller, Karlheinz: Wild Cards. Wenn das Unwahrscheinliche eintritt. Murmann, Hamburg 2004.
Strathern, Oona: A Brief History of the Future. Robinson, London 2007.
Sutton, Robert I.: Der Querdenker-Faktor. Mit unkonventionellen Ideen zum Erfolg. Piper, München 2008.
Toffler, Alvin: Der Zukunftsschock. Scherz Verlag, München 1971.
Ullrich, Kerstin; Wenger, Christian: Vision 2017. Was Menschen morgen bewegt. Redline Wirtschaft, München 2008.
Viguerie, Patrick; Smit, Sven; Baghai, Mehrdad: The Granularity of Growth. Wiley & Sons, Hoboken, New Jersey 2008.
Welch, Jack; Welch, Suzy (2005): Winning. Das ist Management. Campus Verlag, Frankfurt am Main 2005.
Wenzel, Eike; Kirig, Anja; Rauch, Christian: Greenomics. Wie der grüne Lifestyle Märkte und Konsumenten verändert. Redline, München 2008.
Zaltman, Gerald: How Customers Think. Essential Insights into the Mind of the Market. Harvard Business School Press, Boston 2003.
Zook, Chris: Die Wachstumsformel. Vom Kerngeschäft zu neuen Chancen. Hanser, München 2004.
Zook, Chris: Unstoppable. Harvard Business School Press, Boston 2007.

Studien

ABH Marketingservice GmbH: Der Kunde und seine Werkstatt. Trendanalyse mit TÜV Rheinland. Köln 2006.
ABH Marketingservice GmbH: Autowäsche in Deutschland. Ein Markt mit Potenzial. Köln 2006.
ABH Marketingservice GmbH: Ölwechsel in Deutschland. Ein Chancenfeld für Retail und Service. Köln 2007.
ABH Marketingservice GmbH: Keine Angst vorm Billigauto. Marktchancen und Bedrohungspotenziale von Low-Cost-Cars. Köln 2008.
ABH Marketingservice GmbH: Tanken in Deutschland. Zurück zu den Ursprüngen? Köln 2008.

Expertenwissen auf einen Klick

Gratis Download:
MiniBooks – Wissen in Rekordzeit

MiniBooks sind Zusammenfassungen ausgewählter BusinessVillage Bücher aus der Edition PRAXIS.WISSEN. Komprimiertes Know-how renommierter Experten – für das kleine Wissens-Update zwischendurch.

Wählen Sie aus mehr als zehn MiniBooks aus den Bereichen: **Erfolg & Karriere, Vertrieb & Verkaufen, Marketing und PR.**

➔ www.BusinessVillage.de/Gratis

BusinessVillage
Update your Knowledge!

Verlag für die Wirtschaft

BusinessVillage – Update your Knowledge!

Edition Praxis.Wissen je 21,80 Euro*

Persönlicher Erfolg

559	Projektmanagement kompakt – Systematisch zum Erfolg, Stephan Kasperczyk; Alexander Scheel
583	Free your mind – Das kreative Selbst, Albert Metzler
596	Endlich frustfrei! Chefs erfolgreich führen, Christiane Drühe-Wienholt
604	Die Magie der Effektivität, Stéphane Etrillard
620	Zeitmanagement, Annette Geiger
624	Gesprächsrhetorik, Stéphane Etrillard
631	Alternatives Denken, Albert Metzler
646	Geschäftsbriefe und E-Mails – Schnell und professionell, Irmtraud Schmitt
721	Intuition – Die unbewusste Intelligenz, Jürgen Wunderlich
733	Limbic Mind – Die intelligente Schlagfertigkeit, Christine Lehner; Sabine Weihe
743	Presenting Yourself – Der souveräne Auftritt, Eva Ruppert
754	Einfach gesagt – Wenn jeder plötzlich zuhört und versteht, Oliver Groß

Präsentieren und konzipieren

590	Konzepte ausarbeiten – schnell und effektiv, Sonja Klug
632	Texte schreiben – Einfach, klar, verständlich, Günther Zimmermann
635	Schwierige Briefe perfekt schreiben, Michael Brückner
625	Speak Limbic – Wirkungsvoll präsentieren, Anita Hermann-Ruess

Richtig führen

555	Richtig führen ist einfach, Matthias K. Hettl
614	Mitarbeitergespräche richtig führen, Annelies Helff; Miriam Gross
616	Plötzlich Führungskraft, Christiane Drühe-Wienholt
629	Erfolgreich Führen durch gelungene Kommunikation, Stéphane Etrillard; Doris Marx-Ruhland
638	Zukunftstrend Mitarbeiterloyalität, 2. Auflage, Anne M. Schüller
643	Führen mit Coaching, Ruth Hellmich

Vertrieb und Verkaufen

479	Messemarketing, Elke Clausen
561	Erfolgreich verkaufen an anspruchsvolle Kunden, Stéphane Etrillard
562	Vertriebsmotivation und Vertriebssteuerung, Stéphane Etrillard
606	Sell Limbic – Einfach verkaufen, Anita Hermann-Ruess
619	Erfolgreich verhandeln, erfolgreich verkaufen, Anne M. Schüller
647	Erfolgsfaktor Eventmarketing, Melanie von Graeve
664	Best-Selling – Verkaufen an die jungen Alten, Stéphane Etrillard
668	Mystery Shopping, Ralf Deckers; Gerd Heinemann
726	Sog-Selling – Einfach unwiderstehlich verkaufen, Stéphane Etrillard
753	Zukunftstrend Empfehlungsmarketing, 2. Auflage, Anne M. Schüller
759	Events und Veranstaltungen professionell managen, 2. Auflage, Melanie von Graeve

PR und Kommunikation

478	Kundenzeitschriften, Thomas Schmitz
549	Professionelles Briefing – Marketing und Kommunikation mit Substanz, Klaus Schmidbauer
557	Krisen PR – Alles eine Frage der Taktik, Frank Wilmes
569	Professionelle Pressearbeit, Annemike Meyer
594	1×1 für Online-Redakteure und Online-Texter, Saim Rolf Alkan
595	Interne Kommunikation. Schnell und effektiv, Caroline Niederhaus
653	Public Relations, Hajo Neu, Jochen Breitwieser
691	Wie Profis Sponsoren gewinnen, 2. Auflage, Roland Bischof

BusinessVillage — Update your Knowledge!

Edition Praxis.Wissen je 21,80 Euro *

Online-Marketing

688	Performance Marketing, 2. Auflage, Thomas Eisinger; Lars Rabe; Wolfgang Thomas (Hrsg.)
690	Erfolgreiche Online-Werbung, 2. Auflage, Marius Dannenberg; Frank H. Wildschütz
692	Effizientes Suchmaschinen-Marketing, 2. Auflage, Thomas Kaiser
731	Was gute Webseiten ausmacht, Tobias Martin; Andre Richter

Marketing

500	Leitfaden Ambient Media, Kolja Wehleit
533	Corporate Identity ganzheitlich gestalten, Volker Spielvogel
546	Telefonmarketing, Robert Ehlert; Annemike Meyer
549	Professionelles Briefing – Marketing und Kommunikation mit Substanz, Klaus Schmidbauer
566	Seniorenmarketing, Hanne Meyer-Hentschel; Gundolf Meyer-Hentschel
567	Zukunftstrend Kundenloyalität, Anne M. Schüller
574	Marktsegmentierung in der Praxis, Jens Böcker; Katja Butt; Werner Ziemen
576	Plakat- und Verkehrsmittelwerbung, Sybille Anspach
603	Die Kunst der Markenführung, Carsten Busch
610	Faktor Service – Was Kunden wirklich brauchen, Dirk Zimmermann
612	Cross-Marketing – Allianzen, die stark machen, Tobias Meyer; Michael Schade
630	Kommunikation neu denken – Werbung, die wirkt, Malte Altenbach
661	Allein erfolgreich – Die Einzelkämpfermarke, Giso Weyand
712	Der WOW-Effekt – Kleines Budget und große Wirkung, Claudia Hilker

Unternehmensführung

622	Die Bank als Gegner, Ernst August Bach; Volker Friedhoff; Ulrich Qualmann
634	Forderungen erfolgreich eintreiben, Christine Kaiser
656	Praxis der Existenzgründung – Erfolgsfaktoren für den Start, Werner Lippert
657	Praxis der Existenzgründung – Marketing mit kleinem Budget, Werner Lippert
658	Praxis der Existenzgründung – Die Finanzen im Griff, Werner Lippert
700	Bankkredit adieu! Die besten Finanzierungsalternativen, Sonja Riehm; Ashok Riehm; Axel Gehrholz
701	Das perfekte Bankgespräch, Jörg T. Eckhold; Hans-Günther Lehmann; Peter Stonn
755	Der Bambus-Code – Schneller wachsen als die Konkurrenz, Christian Kalkbrenner; Ralf Lagerbauer

Edition BusinessInside +++ Neu +++

693	Web Analytics – Damit aus Traffic Umsatz wird, Frank Reese, 34,90 Euro
741	Online-Communities im Web 2.0, Miriam Godau; Marco Ripianti, 34,90 Euro
757	Die Exzellenz-Formel – Das Handwerkszeug für Berater, Jörg Osarek; Andreas Hoffmann; 39,80 Euro

BusinessVillage Fachbücher – Einfach noch mehr Wissen

598	Geburt von Marken, Busch; Käfer; Schildhauer u.a.; 39,80 Euro
644	Mordsbetrieb, Peter Schütz; Robert Kroth; 7,90 Euro
679	Speak Limbic – Das Ideenbuch für wirkungsvolle Präsentationen, Anita Hermann-Ruess, 79,00 Euro
717	Gründung und Franchising 2007/2008, Detlef Kutta; Karsten Mühlhaus (Hrsg.), 9,95 Euro
730	High Probability Selling – Verkaufen mit hoher Wahrscheinlichkeit, Werth; Ruben; Franz, 24,80 Euro
745	Was im Verkauf wirklich zählt!, Walter Kaltenbach; 24,80 Euro

Bestellen Sie jetzt!

Faxen Sie dieses Blatt an:
+49 (551) 2099-105

Oder senden Sie Ihre Bestellung an:
BusinessVillage GmbH
Reinhäuser Landstraße 22, 37083 Göttingen
Tel. +49 (551) 2099-100
info@businessvillage.de

Ja, ich bestelle:

☐ **Zukunftstrend Empfehlungsmarketing**, 2. Auflage, Anne M. Schüller

☐ **Speak Limbic – Wirkungsvoll präsentieren**, Anita Hermann-Ruess

☐ **Limbic Mind – Die intelligente Schlagfertigkeit**, Christine Lehner; Sabine Weihe

☐ **Allein erfolgreich – Die Einzelkämpfermarke**, Giso Weyand

(* Alle Praxisleitfäden der Edition PRAXIS.WISSEN kosten 21,80 € • 22,50 € [A] • 35,90 CHF)
Versandkostenfreie Lieferung innerhalb Deutschlands.

Menge	Art.-Nr.	Titel	Einzelpreis €/CHF

Firma

Vorname   Name

Straße   Land   PLZ   Ort

Telefon   E-Mail

Datum, Unterschrift

BusinessVillage – Update your Knowledge!